19

良渚之道

张远山作品集

北京出版集团
北京出版社

本书说明

　　《良渚之道》是伏羲学三书的副产品。上编《良渚神徽图法解密》十三篇,写于2018年2月5日至5月5日,2018年2月6日至5月11日连载于《文汇报》App。下编《上古华夏图法解密》十篇,写于2012年11月至2021年5月,发表于《书屋》、《文汇报》App、《深圳特区报》、《读者欣赏》甘肃天水伏羲祭祀大典特刊、庄子江湖微信公众号等。

　　《张远山作品集》之前,《良渚之道》未曾出版。本次收入《张远山作品集》,增加相关附录《伏羲学四书备忘录》。

目

录

下编　上古华夏图法解密

解密上古图法，追溯华夏基因

先秦古籍常言"图书"。"图"是上古华夏（前6000—前2070）至中古夏商周（前2070—前221）的图像系统，"书"是中古夏商周的文字系统。"图书"二字，之所以"图"在前，"书"在后，是因为图像系统始于上古，文字系统始于中古。故曰：上古曰图，中古曰书。而且上古图像系统是中古文字系统的源头。很多重要的中古文字源于上古图像。故曰：欲读中国书，先识中国图。

先秦古籍又常言"图法"，亦即华夏图像系统的图像造型、图像细节、图像内涵及其适用范围、适用对象的基本法则。只有解密华夏图像及其图法，才能弄清华夏文化的来龙去脉，破解中国文明的起源之谜。故曰：欲知文法，先明图法。

华夏图像及其图法的起源、积累、传承、发展，是上古至中古六千年间的客观存在。

从空间性而言，上古伏羲族的仰韶文化，辐射黄河流域，在此广袤空间内的陶器图像，从整体造型到局部细节，全都具有家族性相似和逻辑关联，证明了仰韶陶器图法的客观存在。上古南蛮族的良渚文化，辐射环太湖流域以及周边地区，在此广袤空间内的玉器图像，从整体造型到局部细节，全都具有家族性相似和逻辑关联，证明了良渚玉器图法的客观存在。中古黄帝族的夏商周三代，辐射中原区域以及周边四裔，在此广袤空间内的夏商周铜器图像，从整体造型到局部细节，全都具有家族性相似和逻辑关联，证明了夏商周铜器图法的客观存在。

从时间性而言，上古伏羲族的仰韶陶器图像及其图法，上古南蛮族的良渚玉器图像及其图法，被中古黄帝族的夏商周铜器图像及其图法全面继承并发展。夏代的铜器图像及其图法，又被商代的铜器图像及其图法全面继承并发展。商代的铜器图像及其图法，也被周代的铜器图像及其图法全面继承并发展。如果没有客观存在、传承发展的仰韶陶器图法、良渚玉器图法、夏商周铜器图法，那么上古至中古的六千年陶玉铜图像，就不可能具有如此高度一致的家族性相似和逻辑关联。

由于上古没有文字，因此仰韶陶器图法及其传承，良渚玉器图法及其传承，缺乏文献记载。幸而夏代以后有了文字，因此夏商周铜器图法及其传承，见于众多文献记载。

比如《吕氏春秋·先识览》记载：夏代末年，夏代史官终古带着夏代的官方图法奔商。商代末年，商代史官向挚带着商代的官方图法奔周。这是商灭夏、周灭商的核心事件。

改朝换代，要事有二。一是马上打天下，核心事件是击败前朝军队。二是马下治天下，核心事件是获得前朝图法。因为文字是公器，无法私藏；图法是秘法，由史官专掌。由于"民可使由之，不可使知之"，所以击败前朝军队尽人皆知，获得前朝图法秘而不宣。然而获得前朝图法的重要性，丝毫不亚于击败前朝军队。因为史官专掌的华夏图法，蕴涵着华夏文化的一切最高知识。

如果新朝不能获得前朝史官专掌的华夏图法，就不可能真正取代前朝，甚至连开国大典也难以举行。因为开国大典以及国家治理，必须打造冠冕、朝服、笏板、斧钺、旗帜、礼器、法器、令牌、仪仗等等"威仪三千"的无数实用器物。这些实用器物的整体造型和具体细节，仅有《考工记》之类的文字描述根本无法复制，只有按照有图为证的华夏图法，才能打造得符合天文、历法、宗教、神话、宇宙观、世界观、政治观等等华夏文化的一切最高知识，才能证明新朝是此前数千年华夏文化的合法继承者，才能赢得本朝的上层贵族和下层民众普遍拥戴。任何违背华夏图法的细节错误，都会动摇新朝的根基和权力合法性。

仰韶陶器图法和良渚玉器图法，是上古华夏图法的两大组成部分。夏商周三代，黄帝族君子用玉，炎帝族小人用陶，于是良渚玉器图法成为比仰韶陶器图法更为重要的夏商周青铜图法之源头。尽管国内学术界已经公认：良渚神徽是夏商周饕餮纹的源头。但这仅是知其然，尚未知其所以然。只有解密良渚神徽的图法及其管理制度，进而解密夏商周饕餮纹的图法及其管理制度，才能明白良渚神徽、夏商周饕餮纹共同蕴涵着哪些华夏文化最高知识，进而明白良渚神徽为什么会成为夏商周饕餮纹的源头。

良渚文化正在受到中国人乃至全世界的日益重视，成为研究华夏文化起源、中国文明起源的重要课题。很多中外学者认为：以良渚玉器为代表的良渚文化、良渚古国，是中国文明至少有五千年历史的系统硬证。但是仍有部分学者对于良渚文化究竟是部落文化还是国家文明，存有不少疑虑。本书一方面解密了良渚玉器的图法，另一方面又解密了良渚古国对玉器图法的管理制度，证明了良渚古国的管理制度已经具备国家形态，已从部落文化进入了国家文明。

本书的缘起和背景是，2017年底至2018年初，中央电视台推出的文博探索节目《国家宝藏》成为收视热点，随后配套图书《国家宝藏》也成为畅销书。其中浙江省博物馆选送这一节目的镇馆之宝，是上古华夏玉器的第一重器：良渚琮王。

我观看节目之时发现，对于良渚琮王之良渚神徽的解说很不精确，于是专撰一文《良渚神徽图法解密：天帝骑猪巡天图》，发表于《文汇报》App。此文的点击量、转载率很高，于是《文汇报》App约我撰写"良渚神徽图法解密"系列。

2018年2月6日至5月11日，《良渚神徽图法解密》在《文汇报》App连载了三个多月，每周一篇，共计十三篇。不计诸多转载，仅文汇网的总点击量就有130多万，篇均10万，多篇10万+、20万+、30万+，可见很多读者对良渚文化兴趣浓厚。

在此之前，我的伏羲学第一书《伏羲之道》（岳麓书社2015），系统解密了上古华夏陶器的图法，主要是上古伏羲神农族的伏羲连山历、神农归藏历、伏羲六十四卦、伏羲太极图的图法。我的伏羲学第二书《玉器之道》

（中华书局2018），系统解密了上古华夏玉器的图法，包括上古黄帝族的兴隆洼文化玉器、红山文化玉器、石峁文化玉器的图法，上古南蛮族的良渚文化玉器、石家河文化玉器的图法，上古东夷族的大汶口文化玉器、凌家滩文化玉器的图法，上古伏羲神农族的齐家文化玉器的图法。尽管《玉器之道》已对良渚玉器的图法进行了宏观解密，但是微观深入不够，而且全书不以良渚文化为本位，注重学术性，可读性较弱。两书出版以后，我又应各地报刊之约，撰写了一些入门性质的伏羲学普及文章，也收入本书作为下编。

本书上编《良渚神徽图法解密》十三篇，以《玉器之道》对良渚玉器图法的宏观解密为基础，进一步微观解密良渚玉器图法，包括每种玉器纹样的精确内涵、适用范围、适用对象等等。注重通俗性和趣味性，可读性比《玉器之道》更强，配图也更加丰富，彩色照片和黑白线描对比，便于读者充分领略良渚玉器的精美，轻松理解良渚图法的内涵。

本书下编《上古华夏图法解密》十篇，以《伏羲之道》对仰韶陶器图法的宏观解密为基础，进一步微观解密仰韶陶器图法。同样注重通俗性和趣味性，可读性比《伏羲之道》更强，便于读者了解上古华夏其他地区的区域文化，理解华夏文化的多元起源。

2019年7月6日良渚文化申遗成功，仅是上古华夏文化向世界揭开神秘面纱的第一步。相信不久的将来，上古伏羲族的大地湾—仰韶文化，上古黄帝族的兴隆洼—红山文化，上古东夷族的大汶口—凌家滩文化，也将被中国人和全世界广泛认知。随着对上古华夏文化的研究逐渐深入，中华民族必将更加全面地了解过去，更加自信地面对未来。

2020年11月17日

良渚神徽图法解密

第一章

良渚神徽图法解密：天帝骑猪巡天图

2017年末至2018年初，为了迎接紫禁城建成600周年（1420—2020），中央电视台隆重推出了文博探索节目《国家宝藏》，由故宫博物院联手八家省级博物馆，每家推出三件镇馆之宝，引爆了收视率，成为现象级节目。配套图书《国家宝藏》，也成了畅销书。

浙江省博物馆的三件镇馆之宝，由良渚琮王领衔。这件玉琮之所以被誉为"良渚琮王"，除了在良渚玉琮中体量最大、分量最重，另一原因是刻有最清晰、最繁复的良渚神徽。其他良渚玉琮和良渚玉器，通常只有神徽的简化版。其中绝大多数，又只有神

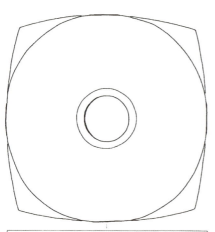

▲良渚琮王

徽的下半部分。

已有无数专家学者试图解读良渚神徽的神秘内涵，各种观点天差地别，至今未有定论。大致共识是"神人骑神兽"，但对神人、神兽的精确内涵分歧很大。其实只要明白良渚神徽精准对应北极天象，神人、神兽的精确内涵就会水落石出。

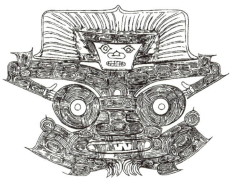

▲良渚神徽：天帝骑猪巡天图

一　北极天象及其成因

首先简述北极天象及其成因。

地球自转之时，自转轴北端所指的一颗亮星不动，其他星象围绕这一亮星旋转。这一亮星，被新石器时代中期的华夏先民视为天球北极的标志星，命名为"帝星"。

为了便于识别北极"帝

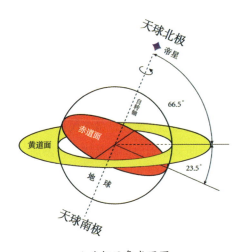

▲北极天象成因图

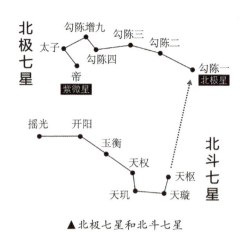

▲北极七星和北斗七星

星"，华夏先民仿照更易辨识的"北斗七星"，把与北斗七星同形、与帝星相邻的七颗亮星，编组为"北极七星"，又名"勾陈七星"。亦即勾陈一（今天的北极星）、勾陈二、勾陈三、勾陈四、勾陈增九、太子星、帝星（新石器时代中期的北极星）。

二　良渚神徽与北极天象的精确对应

良渚神徽的上部，是精准对应北极七星的北极天帝，其形象源于北极七星连线的拟形：

覆斗四星（帝星、太子星、勾陈增九、勾陈四）的正梯形连线，拟形为正梯形的帝冕，帝面是完型化的添加。

斗柄三星（勾陈三、勾陈二、勾陈一）的下弯连线，拟形为下弯的天帝左臂。天帝右臂，则是完型化的添加。

良渚神徽的下部，是精准对应北斗七星的北斗猪神，其形象源于北斗七星连线的拟形：

斗魁四星（天枢、天璇、天玑、天权）的倒梯形连线，拟形为北斗猪神的眼鼻四孔。由于猪的鼻孔朝前，眼鼻四孔恰为倒梯形，完美对应斗魁四星的倒梯形，所以良渚先民把北斗七星拟形为猪，作为天帝巡天的坐骑。为了表明其非别兽，而是猪神，添加了野猪独有的上下獠牙。

斗柄三星（玉衡、开阳、摇光）的下弯连线，拟形为北斗猪神的右半身。左半身，则是完型化的添加。为了表明其非凡猪，而是天猪，又添加了鸟爪。

良渚先民把北斗七星围绕北极帝星旋转，想象为北极天帝骑着北斗猪神巡天，创造了精准对应北极天象的良渚神徽：天帝骑猪巡天图。

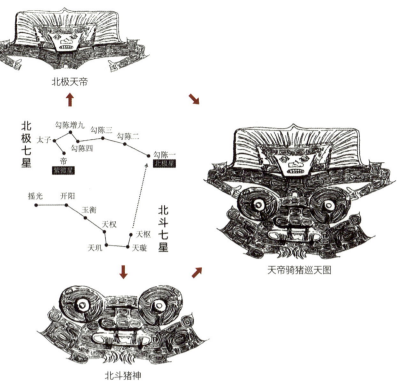

北极天帝

北极七星

勾陈增九
太子
勾陈四
帝
紫微星
勾陈三
勾陈二
勾陈一
北极星

摇光　开阳
玉衡
天权
天玑
天枢
天璇

北斗七星

天帝骑猪巡天图

北斗猪神

▲良渚神徽对应北极天象（张远山原创）

三　上古天帝骑猪巡天，中古天帝乘车巡天

上古天帝巡天，只骑猪，不乘车，是因为六七千年以前的新石器时代中期，尚未发明车轮。车轮的发明时间，是四千多年以前的新石器时代晚期。此后北斗七星不再拟形为猪，转而拟形为车，于是中古天帝巡天，不再骑北斗之猪，改为乘北斗之车。图证见于山东嘉祥东汉武梁祠壁画。

此即《史记·天官书》所言：

> 斗为帝车，运于中央，临制四乡。分阴阳，建四时，均五行，移节度，定诸纪，皆系于斗。

▲天帝乘斗巡天图（东汉武梁祠）

北极天帝除了骑北斗之猪巡天，乘北斗之车巡天，还可以骑苍龙七宿巡天，骑白虎七宿巡天。天帝骑龙巡天的实证，见于河南濮阳西水坡的仰韶中期蚌塑、河南安阳妇好墓的商代玉器、山西曲沃晋侯墓的西周玉器。天帝骑虎的实证，见于河南洛阳西郊战国墓的玉器等。

北极天帝所乘北斗之车，动力来自两匹天马，专名"龙马"。《山海经》所言天帝"乘两龙"，并非明清《山海经》插图所画的骑两龙，而是"乘两龙"之车。图证见于江苏淮阴高庄战国墓、山西长治分水岭战国墓出土的青铜器。

尽管中古天帝改为乘龙巡天，但是仍有上古天帝骑猪巡天的遗风，见于湖北九连墩战国楚墓出土的玉饰。

▲天帝骑龙巡天（西水坡蚌塑）

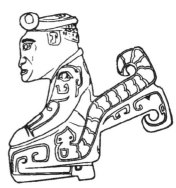

▲天帝骑龙巡天（妇好墓玉器）

▲天帝骑龙巡天（西周晋侯墓玉器）　　　　▲天帝骑虎巡天（战国玉器）

▲天帝乘两龙之车巡天（战国）

▲《山海经》插图（明代）

▲天帝骑猪巡天
（湖北九连墩战国楚墓出土）

四　上古华夏四族均把北斗七星拟形为北斗猪神

　　上古华夏全境主要有四大文化区域，分属四大族群：良渚文化区域，属于上古南蛮族；仰韶文化区域，属于上古伏羲族；大汶口文化区域，属于上古东夷族；红山文化区域，属于上古黄帝族。四大族群都把北极七星拟形为至高神"北极天帝"，都把北斗七星拟形为次高神"北斗猪神"。

　　华夏全境的四大族群，经过仰韶时代两千年（前5000—前3000）的独立发展，以及龙山时代一千年（前3000—前2000）的相互影响，融合为文化要素大同、区域特色小异的全球最大文化共同体，为夏商周文明奠定了

仰韶伏羲族　　　　　　　大汶口东夷族　　　　　　　　　红山黄帝族

▲伏羲族、东夷族、黄帝族之北斗猪神

▲战国曾侯乙墓漆箱画

▲洛阳偃师邙山汉墓壁画

雄厚基础。所以中古以后的中国神谱，仍以"北极天帝"为至高神，仍以"北斗猪神"为次高神。

由于北极帝星又称"太一"或"紫微星"，所以北极天帝又称"太一上帝"、"紫微大帝"。由于上古族群和中古夏商周都用玉料制作北极天帝，所以北极天帝又称"玉皇大帝"，简称"玉帝"。商周青铜器的饕餮纹，原型正是上古华夏的北极天帝。所以良渚琮王的北极天帝形象，是商周青铜器饕餮纹的前世法身。

由于北斗七星位于中央天区，领衔四方天区的万千繁星，共同围绕北极帝星旋转，所以北斗猪神又称"天蓬元帅"。《西游记》的"猪八戒"，原型正是上古华夏的北斗猪神。所以战国曾侯乙墓漆箱画和洛阳偃师邙山汉墓壁画的北斗猪神形象，是"天蓬元帅猪八戒"的前世法身。

解密良渚神徽的图法，仅是解密良渚玉器图法的第一步。本书后续各章，将会逐一解密良渚神徽衍生出的良渚玉器各种纹样和各种形制。且听下回分解。

第二章

良渚神徽的两大神像解密：
北极天帝，北斗猪神

良渚神徽，旧称"神人兽面纹"，实为"天帝骑猪巡天图"（详见第一章）。上部的"神人"，即良渚至高神"北极天帝"。下部的"兽面"，即良渚次高神"北斗猪神"。

本章首先解密良渚神徽包含的良渚两大神像及其三种图式，然后解密良渚两大神像在良渚图像历中的特殊意义。

一　良渚神徽全图：至高神"北极天帝"

良渚神徽共有三种图式：标准图式、简化图式、星象还原图式。

标准图式，仅见于良渚核心区域即余杭良渚的良渚王墓。简化图式和星象还原图式，也多见于良渚核心区域的大酋长墓。但是三种图式全都不见于良渚文化外围区域即余杭良渚之外的小酋长墓。

这一现象充分证明，良渚神徽极其神圣，只有良渚核心区域的良渚王和顶级贵族方可使用，核心区域的普通贵族和非核心区域的普通酋长不可使用。这一原则能够贯彻得如此彻底，充分证明了良渚古国的图法管理非常有效，统治能力相当强大，政治制度相当成熟，文明程度已经超出了部落文化和部落联盟阶段，跨入了国家文明的门槛。

但在总数超过万件的良渚玉器中，良渚神徽之全图的任何一种图式，均属极其罕见，目前仅有数十例。

　　良渚神徽的标准图式，仅见于余杭反山12号墓（良渚王墓）出土的良渚琮王、良渚钺王、良渚瑁王、良渚瑄王。本节先说前三件，最后一件见第三节。

▲标准图式（良渚琮王，M12：98）

▲标准图式（良渚钺王，M12：100）

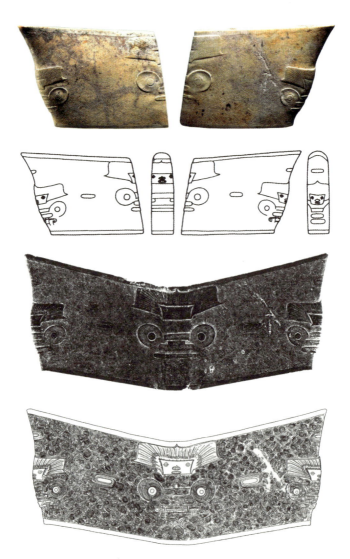

▲标准图式（良渚瑁王，M12：103）

琮王（反山 M12：98）

钺王（反山 M12：100）

瑁王（反山 M12：103）

▲良渚神徽标准图式三例

现将良渚琮王、良渚钺王、良渚瑁王的良渚神徽标准图式列于一表，以作比较。

除了个别细节略有差异，良渚琮王、良渚钺王、良渚瑁王的神徽基本相同，均为良渚神徽的标准图式。证明反山12号墓的墓主是良渚国王，良渚神徽是良渚古国的国徽。

余杭反山、余杭瑶山其他顶级贵族墓出土玉器上的十几例良渚神徽，标准图式极少，目前仅见一例，即反山M22的玉佩1——

▲标准图式（玉佩1，反山M22：20）

其余多为简化图式或星象还原图式——

▲简化图式（玉带钩，反山M14：8）

▲简化图式（玉佩2，反山M22：8）

▲简化图式（玉梳背，瑶山 M2：1）

▲简化图式（玉佩，瑶山 M10：20）

▲简化图式（玉琮，瑶山 M12：2789）

神徽的简化图式，大多仍然保持上下结构：上部是北极天帝，下部是北极天帝的坐骑北斗猪神。北斗猪神的猪身、鸟爪，常被简化或省略，仅仅保留猪面，比如反山 M14 的玉带钩，反山 M22 的玉佩 2，瑶山 M2 的玉梳背，瑶山 M10 的玉佩，瑶山 M12 的玉琮。

▲星象还原图式（玉梳背，反山 M15：7）

▲星象还原图式（玉梳背，反山 M16：4）

　　神徽的星象还原图式，有的仅把北斗猪神还原为星象，比如反山 M15 的玉梳背。有的连北极天帝也还原为星象，比如反山 M16 的玉梳背。

　　良渚神徽上部的北极天帝只可简化不可省略，良渚神徽下部的北斗猪神既可简化又可省略，证明神徽的核心是上部的北极天帝，而非下部的北斗猪神。

　　良渚玉器的历代传世品和民间收藏品，也有少量良渚神徽。

▲上博藏良渚石钺　　　　▲台湾藏良渚玉璧　　　　▲冯学锋藏良渚骨雕

　　上海博物馆收藏的良渚文化石钺，与良渚琮王一样，刻了上下两个良渚神徽。

台湾某收藏家收藏的良渚玉璧，刻了四个良渚神徽。

上海收藏家冯学锋收藏的良渚骨雕，刻了一个良渚神徽。

这些传世品和收藏品，是出土品的重要佐证，证明良渚神徽并非普通的装饰纹样，而是良渚至高神。

二　良渚神徽下部：次高神"北斗猪神"

北斗猪神尽管在良渚神徽的两种变化图式中常被简化或省略，但在良渚神谱中并非可有可无，而是良渚次高神。

刻有神徽下部，亦即刻有北斗猪神的良渚玉器数量极多，不仅见于良渚核心区域的顶级贵族墓、普通贵族墓，又见于非核心区域的酋长墓、贵族墓。

北斗猪神同样有三种图式：标准图式、简化图式、星象还原图式。各举数例。

▲标准图式（玉梳背，反山 M17：8）

上图是良渚北斗猪神的标准图式，直接截取自良渚神徽标准图式的下部，仅仅去除了良渚神徽上部的北极天帝。

▲简化图式（玉梳背，反山 M22：11）

▲简化图式（珩形玉佩，反山 M12：85）

▲简化图式（璜形玉佩，反山 M23：67）

▲简化图式（璜形玉佩，瑶山 M4：34）

▲星象还原图式（玉梳背，瑶山 M11：86）

▲星象还原图式（璜形玉佩，反山 M16：3）

▲星象还原图式（璜形玉佩，瑶山 M7：55）

良渚北斗猪神的简化图式和星象还原图式，都是标准图式的不同变化。

良渚神徽下部的图像可以独立出来大量使用，证明良渚神徽的纹样结构是上下两分。所以凡是把良渚神徽的结构视为上下浑一的任何解说，都不合理。这些解说无法解释神徽下部的图像为何大量独立存在。

从生殖崇拜角度解读的学者，或者把猪眼视为"神人"的睾丸，把猪鼻视为"神人"的阴茎；或者把猪眼视为"神人"的乳房，把猪嘴视为"神人"的女阴；从而认为良渚神徽是男性生殖崇拜或女性生殖崇拜的图腾。

姑且不论这种解说的异想天开，仅就其把良渚神徽视为上下浑一，即已完全错误。如果神徽的结构是上下浑一，那么把神徽下部的图像独立出来大量使用，就是腰斩"神人"的大不敬，只可能渎神招祸，不可能敬神祈福。

三　良渚图像历：交替使用两大神像

良渚王墓（反山M12）有四件玉器刻有良渚神徽全图，均为标准图式。上文已言其中三件，第四件是本节所言的良渚琮王。

良渚琮王的琮身四面，交替排列良渚两大神像，标示单双月。每面三神像，对应一季三月。四面十二神像，对应四季十二月。

采用同样方法标示单双月的另外一例，见于陕西南郑龙岗寺出土的仰韶伏羲族彩陶罐：交替排列两种神像，标示单双月。上下两排各六神，对应上下半年各六月。

《山海经》的两处记载，对应仰韶伏羲族彩陶罐的两种神像。

> 钟山之神，名曰烛阴，视为昼，瞑为夜。（《山海经·海外北经》）

> 有神，人面蛇身而赤，直目正乘，其瞑乃晦，其视乃明，不食不寝不息，风雨是谒。是烛九阴，是为烛龙。（《山海经·大荒北经》）

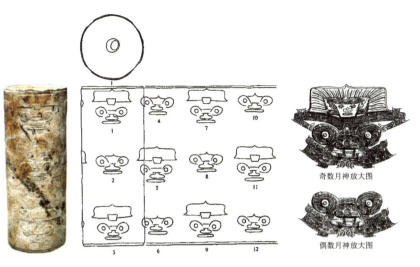

▲良渚琯王：十二月神（反山 M12：87）

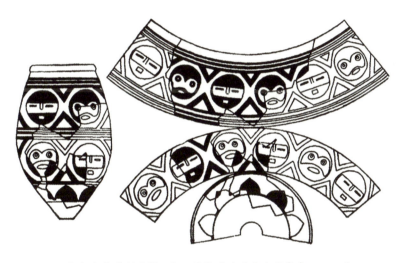

▲仰韶伏羲族彩陶罐：十二月神（陕西南郑龙岗寺 H23：1）

可见仰韶伏羲族彩陶罐的两种神像，正是"钟山之神"：睁眼神像，是"其视乃明"的"烛龙"；闭眼神像，是"其瞑乃晦"的"烛阴"。

仰韶伏羲族彩陶罐和良渚南蛮族玉琯的十二月神，均属中古文字历之前的上古图像历。由于历法的根源是天象，天象的神格化是天神，所以仰韶伏羲族和良渚南蛮族都以十二神像标示一年十二月，又都交替排列两种神像标示单双月。

良渚琯王交替排列良渚两大神像，再次证明良渚神徽的结构是上下两分。下部图像并非全图的简化，而是独立于全图的良渚第二神像，亦即独立于良渚至高神"北极天帝"的良渚次高神"北斗猪神"。

良渚神徽上部的北极天帝，是北极帝星的神格化，其形象源于北极七星的拟形。由于北极帝星是全部天象绕之旋转的中心，所以良渚人把北极天帝视为全部天象和整个宇宙的最高主宰，亦即宇宙至高神。

良渚神徽下部的北斗猪神，是北斗七星的神格化，其形象源于北斗七星的拟形。由于北斗斗柄具有指时功能，又在中央天区率领四方天区的全部天象围绕北极帝星旋转，所以良渚人把北斗猪神视为北极天帝之外的群星领袖，亦即宇宙次高神。

四　良渚两大神像的三种图式

综上所述，良渚两大神像均有三种图式。总列一表，以观全貌。

良渚两大神像的三种图式，衍生关系极其清晰，仅是三种图式的功能各有不同，或者用于标示不同的贵族等级，或者用于不同的祭祀场合。

良渚神徽的三种图式及其变化图式，又衍生出良渚玉器的一切图式，充分证明良渚神徽正是良渚古国的国徽。

既然良渚神徽全图是良渚至高神"北极天帝"，良渚神徽下部是良渚次高神"北斗猪神"，那么在海量的良渚玉器中，次高神"北斗猪神"的数量为什么远远超过至高神"北极天帝"的数量？

其中隐藏着良渚文化和中华文明的甚深奥秘，且听下回分解。

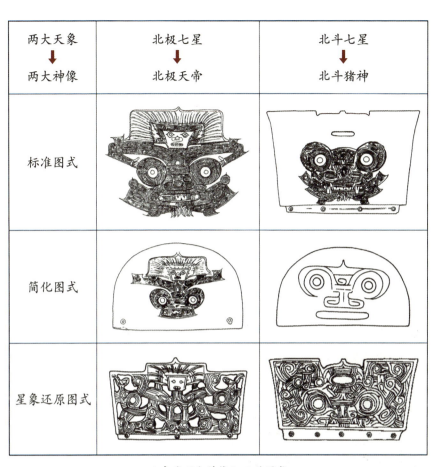

两大天象 ⭢ 两大神像	北极七星 ⭢ 北极天帝	北斗七星 ⭢ 北斗猪神
标准图式		
简化图式		
星象还原图式		

▲良渚两大神像之三种图式

第三章

良渚祭天玉琮的图法解密
——从乾隆皇帝颠倒良渚玉琮题诗说起

酷爱在传世文物上题诗的乾隆皇帝，题诗于良渚玉琮之时，留下了一个莫大笑柄。

▲乾隆题诗的倒置良渚玉琮
（台北故宫博物院藏）

一切良渚玉琮，都是上大下小的倒梯形。因为只有倒梯形放置，玉琮四角的神像才是正像。但是乾隆不识良渚神像，仅仅视为几何纹样；同时错误认为，上小下大的正梯形，才是重心稳定的正确摆放方式；于是颠倒玉琮，题诗其上。

一　良渚琮王的纹样结构

欲知良渚玉琮的正确摆放方式和神像之正反，须从良渚琮王的纹样结构说起。

良渚琮王的纹样，包含良渚两大神像，分别位于四面正中和四个角部。但是研究良渚琮王的很多学者，仅仅关注四面正中的良渚神徽（北极天帝），却对四个角部的北斗猪神视而不见，或者错误视为良渚神徽的简化版。

▲良渚琮王（反山 M12：98）

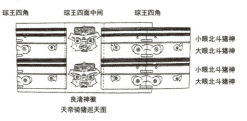

▲良渚琮王的纹样结构

良渚神徽的核心，是神徽上部的北极天帝，而非神徽下部作为天帝坐骑的北斗猪神。神徽的简化版，只能去除神徽下部的北斗猪神，不能去除神徽上部的北极天帝（详见第二章）。然而琮王四角的纹样，去除了神徽上部的北极天帝，所以并非神徽全图"天帝骑猪巡天图"的简化版，仅是神徽下部"北斗猪神"的简化版。

琮王四角的四层纹样，交错排列神徽下部"北斗猪神"的两种简化版。

第一种简化版是"大眼北斗猪神"：省略了猪身、鸟爪、猪嘴，但未简化猪眼和猪鼻。所谓"大眼"，实为其小如豆的猪眼，加上巨大的"眼影"，以此夸张北斗猪神的神威。

第二种简化版是"小眼北斗猪神"：去除了巨大的"眼影"，还原到猪眼如豆的写实。猪鼻保持原样。

琮王四角的纹样结构：两组大小眼北斗猪神，两组之间用扉棱隔开。每一组北斗猪神，都是写实的小眼北斗猪神在上，夸张的大眼北斗猪神在下。

琮王四角的北斗猪神及其纹样结构，被海量的良渚玉琮，按照良渚古国的玉器图法复制。根据玉琮的体量大小、节数多寡，对琮王四角纹样的复制，分为三大图式。

二　良渚玉琮第一图式：照搬良渚琮王纹样结构

四节以下的良渚玉琮，大量采用第一图式：照搬琮王四角的纹样及其结构。

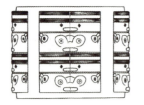

▲照搬纹样结构（四节玉琮，反山 M12：93）

▲照搬纹样结构（四节玉琮，反山 M20：124）

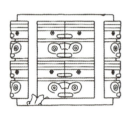

▲照搬纹样结构（四节玉琮，反山 M12：96）

　　大量的良渚四节玉琮，照搬琮王四角的纹样及其结构。仅因体量较小，空间不够，去除了琮王四面正中的八个神徽，但其内涵与良渚琮王相同。

　　琮王体量巨大，空间足够，四面正中是八个神徽，四角是十六个北斗猪神，合计二十四神像，标示一年二十四节气；正如良渚琯王的十二神像，标示一年十二月（详见第二章第三节）。

▲复制 3/4 纹样结构（三节玉琮，反山 M12：97）

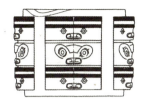

▲复制 3/4 纹样结构（三节玉琮，反山 M17:2）

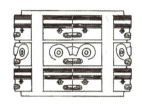

▲复制 3/4 纹样结构（三节玉琮，瑶山 2842）

大量的良渚三节玉琮，复制琮王四角的 3/4 纹样结构：中节是大眼北斗猪神，上下两节是小眼北斗猪神。共计十二北斗猪神，类似于良渚琯王用十二神像标示一年十二月。每角三神，标示每季的孟月、仲月、季月，表达《淮南子·时则训》所言：

> 孟春之月，招摇（斗柄）指寅；仲春之月，招摇指卯；季春之月，招摇指辰。
>
> 孟夏之月，招摇指巳；仲夏之月，招摇指午；季夏之月，招摇指未。
>
> 孟秋之月，招摇指申；仲秋之月，招摇指酉；季秋之月，招摇指戌。
>
> 孟冬之月，招摇指亥；仲冬之月，招摇指子；季冬之月，招摇指丑。

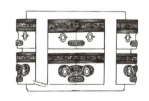

▲复制 1/2 纹样结构（双节玉琮，反山 M20:122）

▲复制 1/2 纹样结构（双节玉琮，瑶山 M2：22）

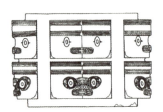

▲复制 1/2 纹样结构（双节玉琮，瑶山 M12：2786）

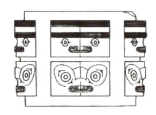

▲复制 1/2 纹样结构（双节玉琮，瑶山 M12：2787）

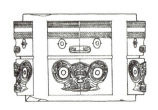

▲复制 1/2 纹样结构（双节玉琮，瑶山 M12：2788）

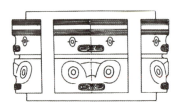

▲复制 1/2 纹样结构（双节玉琮，瑶山 M12：2841）

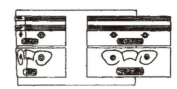

▲复制 1/2 纹样结构（双节玉琮，上海福泉山 M65：50）

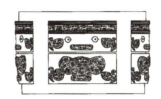

▲复制 1/2 纹样结构（双节玉琮，上海福泉山 M9：21）

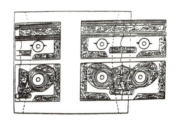

▲复制 1/2 纹样结构（双节玉琮，江苏寺墩 M4：1）

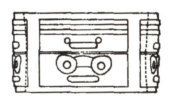

▲复制 1/2 纹样结构（双节圆琮，江苏寺墩 M3：43）

▲复制 1/2 纹样结构（双节圆琮，江苏花厅 M50：9）

大量的良渚双节玉琮，复制琮王四角的1/2纹样结构：上节是小眼北斗猪神，下节是大眼北斗猪神。共计八个北斗猪神，标示立春、春分，立夏、夏至，立秋、秋分，立冬、冬至，亦即"四时八节"。表达《鹖冠子·环流》所言：

斗柄东指，天下皆春；斗柄南指，天下皆夏；斗柄西指，天下皆秋；斗柄北指，天下皆冬。

三　良渚玉琮第二图式：复制良渚琮王大眼北斗猪神

大量的良渚单节玉琮，采用第二图式：复制琮王四角的大眼北斗猪神——

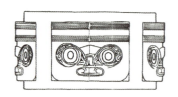

▲复制大眼北斗猪神（单节玉琮，瑶山 M7：34）

▲复制大眼北斗猪神（单节圆琮，瑶山 M9：4）

▲复制大眼北斗猪神（单节圆琮，瑶山 M10：15）

另有大量的良渚装饰玉器，也采用第二图式：复制琮王四角的大眼北斗猪神——

▲复制大眼北斗猪神（玉梳背，反山 M17：8）

▲复制大眼北斗猪神（玉梳背，反山 M22：11）

▲复制大眼北斗猪神（珩形玉佩，反山 M12：85）

▲复制大眼北斗猪神（璜形玉佩，反山 M23：67）

▲复制大眼北斗猪神（玉镯，吴县张陵山 M4：02）

良渚装饰玉器，少见于良渚非核心区域，多见于良渚核心区域，是良渚顶级贵族的日常佩饰，所以不惜工本地复制繁复美观的大眼北斗猪神。

四 良渚玉琮第三图式：复制良渚琮王小眼北斗猪神

数量极多的良渚玉琮，采用第三图式：复制琮王四角的小眼北斗猪神。

单节到四节的低矮良渚玉琮，大多采用第三图式——

 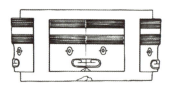

▲复制小眼北斗猪神（单节玉琮，反山 M14：180）

 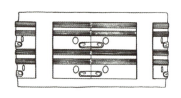

▲复制小眼北斗猪神（双节玉琮，反山 M23：22）

 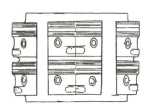

▲复制小眼北斗猪神（双节玉琮，反山 M12：92）

 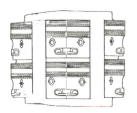

▲复制小眼北斗猪神（双节玉琮，瑶山 M2：23）

▲复制小眼北斗猪神（双节玉琮，瑶山 M12：2785）

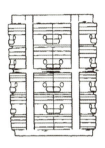

▲复制小眼北斗猪神（四节玉琮，反山 M21：4）

五节至九节的高大良渚玉琮，全都采用第三图式——

▲复制小眼北斗猪神：中等良渚玉琮 6 例

上图 6 例九节以下的高大良渚玉琮，全都采用第三图式。前 5 例分别出土于广东曲江石峡、江苏常熟张桥乡、江苏吴县草鞋山、江西丰城茶塘乡、江苏武进寺墩。第 6 例是清代吴大澂《古玉图考》著录的良渚玉琮传世品，九节，高十二寸；按照先秦尺度，约为 27 厘米。

吴大澂根据《周礼·考工记》称西周玉琮为"驵琮"，把良渚玉琮四角的小眼北斗猪神称为"驵刻"。其他学者多称"驵纹"。其实大部分西周玉琮光素无纹，四角不刻良渚玉琮的小眼北斗猪神。所以良渚玉琮绝非西周"驵琮"，四角纹样更非"驵纹"，而是良渚玉器的第一纹样"小眼北斗猪神"。

十节到十九节的高大良渚玉琮，也全都采用第三图式——

▲复制小眼北斗猪神：顶级高度良渚玉琮6例

上图6例十节以上的高大良渚玉琮，全都采用第三图式。

第1例出土于四川成都金沙，10节，高22.2厘米。

第2例收藏于首都博物馆，15节，高38.2厘米。

第3例出土于安徽肥东县张集乡刘岗村，15节，高39.9厘米。

第4例收藏于台北故宫博物院，17节，高47.2厘米。

第5例收藏于大英博物馆，19节，高49.5厘米。

第6例出土于浙江余杭瑶山7号墓，19节，高49.7厘米。这是目前发现的最高良渚玉琮，收藏于中国国家博物馆。

高达半米的良渚玉琮，是良渚文化顶峰时期登峰造极的不朽杰作，琢玉技艺空前绝后，此后四千年未能超越。

高大良渚玉琮的每节空间极小，四角无法容纳大眼北斗猪神，只能容纳小眼北斗猪神。因其极其细微，常被错误视为几何纹样。然而最最细微的小眼北斗猪神，仍然精准表现了猪面的根本特征：两个猪眼，两个鼻孔（合为一个猪鼻）。眼鼻四孔的倒梯形，对应斗魁四星的倒梯形。

以上三大图式，覆盖一切良渚玉琮，无一例外。良渚古国对于良渚玉器的标准化管理，体现了国家制度的高度成熟和高度文明。比秦国武器的标准化管理早三千年，远远领先于全球其他民族。

或问：为什么良渚玉琮上数量最多的不是良渚至高神"北极天帝"，而是良渚次高神"北斗猪神"？

因为"北极天帝"对应的帝星，居于天心不动，难以表现天象运行。"北斗猪神"对应的北斗七星，围绕帝星旋转，所以北斗斗柄具有"指时"功能，北斗猪神具有"主时"神格，此即《大戴礼记·易本命》、《淮南子·时则训》等书所言"时主豕"。

良渚玉琮的北斗猪神，从不刻在四面正中，永远刻在四角，是因为中国古人把四角称为"四维"。所以四角刻有北斗猪神的一切良渚玉琮，无不表达《淮南子·天文训》所言：

帝张四维，运之以斗；月徙一辰，复反其所。正月指寅，十二月指丑；一岁而匝，终而复始。

五　乾隆倒置良渚玉琮题诗的谜底

常见走兽之中，只有猪的两个鼻孔朝前。由于猪的眼鼻四孔呈倒梯形，天然对应斗魁四星的倒梯形，因此良渚先民不仅把北斗之神拟形为猪，而且用良渚玉琮的倒梯形，拟形北斗斗魁的倒梯形。

良渚文化消亡以后，后人不再明白良渚玉琮的倒梯形是北斗斗魁的拟形，以为正梯形才是重心稳定的正确摆放方式；也不再明白良渚玉琮四角的神像是北斗猪神，或者视为"驵纹"，或者视为几何纹样。于是乾隆皇帝倒置清宫旧藏的良渚玉琮，题诗其上。

▲恢复正置：乾隆题诗的良渚玉琮

　　乾隆倒置的良渚玉琮，一旦恢复正置，纹样到眼可辨：乾隆题诗的良渚四节玉琮，与无数良渚玉琮一样采用第一图式，完全照搬琮王四角的纹样及其结构。

　　现在的尴尬是，如何陈列乾隆题诗的良渚玉琮：正置则乾隆诗倒，倒置则良渚人笑。

　　　良渚玉器的"北斗猪神"数量多于"北极天帝"（良渚神徽）
　　数量，第一原因是天文原因，即北斗斗柄具有"指时"功能，北
　　斗猪神具有"主时"神格。第二原因是人文原因，即良渚酋长作
　　为"天帝之子"，不能对应"北极天帝"，只能对应"北斗猪神"。
　　且听下回分解。

第四章

良渚威仪玉器的图法解密
——孙悟空、猪八戒的原型来自良渚文化

　　良渚玉器的"北斗猪神"（良渚神徽下部）数量，多于"北极天帝"（良渚神徽全图）数量，有两大原因。

　　首先是天文原因，即北斗斗柄具有"指时"功能，北斗猪神具有"主时"神格，所以绝大多数祭天玉琮只刻"北斗猪神"（详见第三章）。

　　其次是人文原因，即良渚酋长作为"天帝之子"，不能对应"北极天帝"，只能对应"北斗猪神"，所以良渚酋长的两大威仪玉器只刻"北斗猪神"。

一　良渚第一威仪玉器：北斗猪神玉冠

　　良渚核心区域的浙江余杭，反山、瑶山、汇观山、横山的15座酋长大墓，墓主头顶都有1件三叉形玉器。良渚非核心区域的浙江桐乡普安桥酋长大墓，墓主头顶也有1件三叉形玉器。16座大墓的三叉形玉器，无一例外都在墓主头顶，证明其为良渚贵族戴于头顶的威仪玉冠。其中6件刻有北斗猪神，10件光素无纹。

反山 M12　　　反山 M14　　　反山 M16　　　反山 M17　　　反山 M20

瑶山 M2   瑶山 M3   瑶山 M7   瑶山 M8   瑶山 M9

瑶山 M10   瑶山 M12   瑶山 T303   汇观山 M4   横山 M2   普安桥 M11

▲良渚酋长威仪玉冠（出土品 16 件）

　　良渚酋长的威仪玉冠，除了大量出土品，另有少量传世品。

　　杭州博物馆、台湾蓝田山房、纽约顾为群、台北故宫博物院，分别收藏了 1 件良渚玉冠传世品。其中 3 件刻有北斗猪神，1 件光素无纹。

杭州博物馆藏　　　台湾蓝田山房藏　　　纽约顾为群藏　　　台北故宫博物院藏

▲良渚酋长威仪玉冠（传世品 4 件）

　　良渚酋长的威仪玉冠，中叉均有大孔，用于插入鸟羽，以壮威仪——

▲良渚酋长威仪图　　　　　▲孙悟空造型图

中古以后，中原王朝周边的少数民族，酋长仍有头插鸟羽的上古遗风。花果山的美猴王孙悟空，头插两根鸟羽，也是上古遗风。

20件良渚威仪玉冠，9件均刻北斗猪神。并且按照等级高低，采用三大图式之一（三大图式详见第二章）。

▲良渚王冠2例：北斗猪神标准图式（反山M14、瑶山M7）

良渚王的威仪玉冠：中叉下面是北斗猪神的标准图式，标示良渚王对位北斗。左右两叉是良渚神徽"天帝骑猪巡天图"之北极天帝双眼或北极天帝半面，标示良渚王是"天帝之子"。

▲大酋长玉冠3例：北斗猪神简化图式（瑶山M3、M10，横山M2）

良渚大酋长的威仪玉冠：中叉下面是北斗猪神的简化图式，三叉上部都是北极天帝的羽冠，标示其地位仅次于良渚王，是辅佐良渚王的重要大臣。

良渚大祭司的威仪玉冠：中叉下面是北斗猪神的星象还原图式，三叉上部都是北极天帝的羽冠，标示其地位仅次于大酋长，职司是观星制历、

▲大祭司玉冠1例：北斗猪神星象还原图式（瑶山M9）

祭天祈福。

　　不任公职的王室成员，威仪玉冠光素无纹。但有两件例外：反山M12是规格最高的良渚王墓，反山M20是规格仅次于反山M12的王级大墓，两墓出土的无纹玉冠，必非普通王室成员的玉冠，当属良渚王冠的早期形式。因为良渚古国是华夏区域最早的国家之一，国家制度没有先例可循，只能逐渐建构，不断完善。

　　良渚文化延续一千多年（前3300—前2200），在其晚期从部落联盟进入古国阶段，不可能只有一位良渚国王。反山M12墓主作为学术界公认的"良渚王"，可能仅是良渚古国的开国君主。他初步奠定了良渚古国的国家制度，尤其是玉器图法的标准化管理制度，所以该墓出土的良渚琮王的纹样结构，成为良渚玉器纹样的总源头和总范式，被其他良渚玉器按照三大图式广泛复制。

　　良渚古国从开国到亡国，可能共有四代国王，所以有4件玉冠，形制异于普通玉冠——

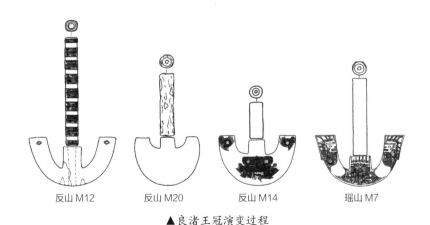

| 反山 M12 | 反山 M20 | 反山 M14 | 瑶山 M7 |

▲良渚王冠演变过程

反山M12、M20的墓主，可能是良渚古国的第一代、第二代国王，其时制度初创，虽有王冠，但是不刻北斗猪神。同时期的大酋长、大祭司、王室成员的玉冠，也都不刻北斗猪神。

反山M14、瑶山M7的墓主，可能是良渚古国的第三代、第四代国王，其时制度演进，王冠加刻"北斗猪神"标准图式。同时期的大酋长玉冠加刻"北斗猪神"简化图式，大祭司玉冠加刻"北斗猪神"星象还原图式，王室成员玉冠光素无纹。

四件良渚王冠的中叉之上，均接一根上下钻通的通天玉管。其他贵族玉冠的中叉之上，全都不接通天玉管。

良渚王冠上接通天玉管，寓意是良渚王权上通北极天帝，证据是：王冠的三叉，取自北极天帝玉佩——

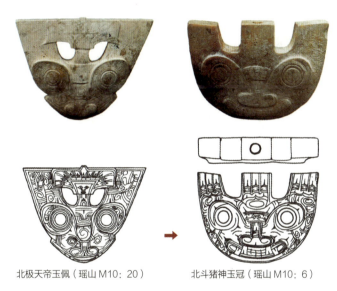

北极天帝玉佩（瑶山M10：20）　　北斗猪神玉冠（瑶山M10：6）

▲良渚玉冠之三叉形制的来历

比较瑶山10号墓出土的北极天帝玉佩和北斗猪神玉冠，就能明白：减去北极天帝玉佩的帝冕、帝面，保留帝颈、帝臂，即为北斗猪神玉冠的三叉。所以良渚王冠上接通天玉管，寓意只能是上通北极天帝，亦即"君权神授"。

二 良渚第二威仪玉器：北斗猪神权柄

良渚威仪权柄，旧称"玉柄形器"或"玉锥形器"。良渚核心区域和非核心区域的大墓均有出土，每座大墓或有多件，出土位置多在墓主手边，证明其为良渚贵族持于手中的威仪权柄。

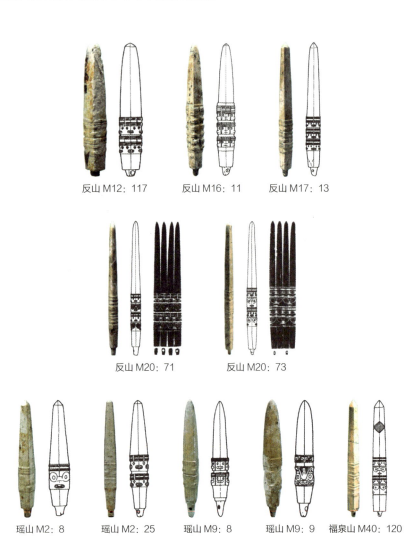

反山 M12：117　　反山 M16：11　　反山 M17：13

反山 M20：71　　　反山 M20：73

瑶山 M2：8　　瑶山 M2：25　　瑶山 M9：8　　瑶山 M9：9　　福泉山 M40：120

▲良渚北斗猪神权柄10例

良渚权柄的下端，均有连接木柄的榫部，总长度十几厘米到二十几厘米，适合手持。

良渚权柄的形制，均为中间粗、两头细的菱形四面柱体。上半部呈正梯形，对应北极七星之覆斗四星的正梯形。下半部呈倒梯形，与良渚玉琮一样，对应北斗七星之斗魁四星的倒梯形。

良渚权柄的纹样，均为北斗猪神。与良渚玉琮一样，按照三大图式，复制琮王四角的北斗猪神及其纹样结构：第一图式是照搬纹样及其结构，第二图式是复制大眼北斗猪神，第三图式是复制小眼北斗猪神（三大图式详见第三章）。

良渚权柄是中文"权柄"一词的上古实证，也是中古权柄的上古源头。

令人惊异的是，孙悟空的威仪造型，酷似良渚王的威仪造型，都是头插鸟羽，手持权柄，只是孙悟空把权柄变成了可大可小的金箍棒。可见孙悟空的威仪造型，并非《西游记》的凭空虚构，而是源于上古华夏，亦即来自"齐天大圣"原型所属良渚文化区域流传四千多年的民间传说。

尤为神奇的是，孙悟空两大威仪的良渚原型，即良渚玉冠、良渚权柄之上，全都刻着猪八戒的良渚

▲美猴王威仪造型≈良渚王威仪造型

原型"北斗猪神"。两者的差异在于：良渚王作为"北极天帝"之子，只能对位"北斗猪神"。孙悟空作为"大闹天宫"的"齐天大圣"，欲与"玉帝老儿"平起平坐，不能对位"北斗猪神"，于是天蓬元帅猪八戒成了他的师弟。

综上所言，良渚王的两大威仪玉器不刻"北极天帝"，只刻"北斗猪神"，是因为良渚王的天文对位是北斗七星，宗教对位是"北斗猪神"。

君王对位北斗，并非良渚文化独有，而是上古以降的中华传统，见于大量文献——

斗居天中，而有威仪，王者法而备之。(《春秋说题辞》)

斗为帝令，出号布政，授度四方，故置辅星以佐功。斗为人君之象，而号令之主也。(《春秋元命苞》)

斗为人君之象，号令之主也。(《晋书·天文志》)

圣人受命必顺斗。(《诗含神雾》)

天覆地载，谓之天子，上法斗极。(《孝经援神契》)

（天子）法北斗而为七政。(《礼斗威仪》)

天子所以昭察，以从斗枢，禁令天下，继体守文，宿思以合神，保长久。(《春秋汉含孳》)

天子法斗，诸侯应宿。(《春秋佐助期》)

"天子法斗，诸侯应宿"，源于中华文明的核心理念"天人合一"，亦即人文秩序仿效天文秩序——

天文秩序：北极帝星居于天中，成为"北极天帝"。北斗围绕帝星旋转，成为"天帝之子"。四方星宿围绕帝星、北斗旋转，成为各大"星官"。

人文秩序：人间君王对位北斗，是"天帝之子"下凡。诸侯百官对位星宿，是各大"星官"下凡。

孔子曾说："为政以德，譬如北辰，居其所而众星拱之。"正是阐释人文秩序仿效天文秩序的中华理念。

正因君王对位"天帝之子"北斗七星，所以中国君王号称"天帝之子"，简称"天子"。

三　良渚第一仪仗玉器：用作族名、国名的威仪玉钺

良渚王除了头戴威仪玉冠，手持威仪权柄，另有一件陈列于身侧的仪仗玉器：威仪玉钺。

良渚王墓（反山 M12）出土的良渚钺王，两面均刻良渚神徽"天帝骑猪巡天图"，正是标示良渚王权得到"北极天帝"授权，亦即"君权神授"。

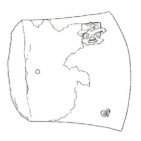

▲刻有良渚神徽"天帝骑猪巡天图"的良渚钺王（反山 M12）

▲良渚玉钺陈列方式

良渚核心区域和非核心区域的众多贵族大墓，出土了大量的素面玉钺，全都不刻良渚神徽"天帝骑猪巡天图"，因为其他贵族的权力均非"神授"，均属"君授"。

▲良渚素面玉钺 4 例（反山 M14、M16，瑶山 M3、T303）

良渚非核心区域的酋长，尽管不能佩戴北斗猪神玉冠，但是可以拥有良渚王赏赐的北斗猪神权柄和素面仪仗玉钺，作为良渚王授权其统治一方的信物。

本书把出土顶级玉冠和顶级玉器的四座良渚顶级大墓的墓主称为"良渚王"，仅是遵循考古学命名，其实"良渚"并非良渚民族和良渚古国的自名。由于威仪玉钺是象征良渚王权的第一仪仗玉器，所以良渚民族的自名是"戉族"，良渚古国的自名是"戉国"。

后来中原王朝崛起，也以威仪玉钺和仿照玉钺的青铜大钺象征王权，于是把良渚"戉国"和良渚"戉族"，改写为"越国"和"越族"。

良渚文化区域的古越民族，是中古以后中华民族的重要组成部分。良渚文化的玉器图法，也对中古夏商周的青铜图法产生了重大影响。且听下回分解。

第五章

良渚神徽的替代符号：帝星纹

上文解密了良渚玉器的"北斗猪神"数量多于"北极天帝"（良渚神徽全图）数量的天文原因和人文原因。此外还有技术原因，即良渚神徽极其繁复，需要较大的空间才能容纳，除了体量较大的良渚琮王、良渚钺王和极少数顶级装饰玉器，大多数祭天玉琮、威仪玉冠、威仪权柄体量较小，无法雕刻繁复的良渚神徽。

然而良渚神徽作为良渚至高神"北极天帝"的形象，在良渚玉器上如此少见，既不能体现其至尊地位，又为祭祀"北极天帝"带来不便。

一　良渚祭天大典的排场和陈设

每逢冬至、立春等重大节日（节气之日），良渚王必须亲自祭祀"北极天帝"，排场和陈设如下——

良渚王头戴刻有"北斗猪神"标准图式的威仪玉冠，手持刻有"北斗猪神"标准图式的威仪权柄，胸佩刻有"北极天帝"标准图式的装饰玉佩。

大酋长头戴刻有"北斗猪神"简化图式的威仪玉冠，手持刻有"北斗猪神"简化图式的威仪权柄，胸佩刻有"北极天帝"简化图式的装饰玉佩。

大祭司头戴刻有"北斗猪神"星象还原图式的威仪玉冠，手持刻有"北斗猪神"星象还原图式的威仪权柄，胸佩刻有"北极天帝"星象还原图式的装饰玉佩。

王室成员头戴不刻"北斗猪神"的素面玉冠，手持刻有"北斗猪神"简化图式的威仪权柄，胸佩刻有"北极天帝"简化图式的装饰玉佩。

威仪玉器和装饰玉器中的良渚两大神像，各有精确内涵："北斗猪神"标示良渚王权的天文对位，"北极天帝"标示良渚王权的"君权神授"，三种图式标示佩戴者的不同品级（详见第四章）。

祭坛之上，正中的高大玉琮主祭良渚至高神北极天帝，左右的低矮玉琮陪祭良渚次高神北斗猪神。

由于高大玉琮的每节空间有限，只能在玉琮四角雕刻小眼北斗猪神，不能在玉琮中间雕刻北极天帝（详见第三章），于是良渚人面临一个难题：

如果祭坛中间的高大玉琮只刻"北斗猪神"，不刻"北极天帝"，祭祀"北极天帝"的祭天大典将会有名无实，是对良渚至高神的大不敬，不但无法敬神祈福，还会渎神招祸。

二　良渚神徽的替代符号：菱形帝星纹

良渚人解决难题的方法是，在高大玉琮的有限空间之内，雕刻一个代替良渚神徽、象征北极天帝的简化符号：菱形帝星纹。

▲帝星纹玉琮（台北故宫博物院藏）

▲良渚琮王（反山 M12）

如何证明帝星纹玉琮上的菱形符号，是良渚神徽的替代符号？

良渚琮王的纹样结构是良渚玉器纹样的总源头和总范式（详见第三章），所以帝星纹玉琮的四角，复制了琮王四角的北斗猪神。帝星纹玉琮的正中，本应复制琮王正中的良渚神徽，仅因空间不够，于是在神徽所在的位置，刻了一个菱形符号。由于两者的纹样全息同构，所以菱形符号只能是良渚神徽的替代符号。

如何证明帝星纹玉琮上的菱形符号，是象征北极天帝的帝星纹？

良渚神徽是"北极天帝"的宗教形象，天文对应是北极帝星，而菱形符号正是"北极帝星"的完美形式：菱形的四角，指向东南西北四方，标示北极帝星光芒四射，北极天帝主宰四季。

三 良渚帝星纹的上古传播和中古承袭

其他良渚玉器的大量菱形符号，同样证明：菱形符号是代替良渚神徽、象征北极天帝、专指北极帝星的"帝星纹"。

瑶山 M10 出土的六神玉琯，刻有六个北斗猪神：十二猪眼，代表一年十二月。东南西北四个方向，每一方向纵排三眼，标示一季三月。由于空间狭小，无法雕刻北极天帝，于是在猪眼、猪鼻之间加刻十二帝星纹，标

▲良渚玉琯（瑶山 M10：21）：
六个北斗猪神＋十二帝星纹

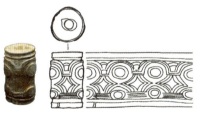

▲良渚玉琯（瑶山 M9：5）：
四季北斗猪神＋四帝星纹

示北斗七星围绕北极帝星的一年旋转。这一表达方式，类似于反山M12出土的良渚十二月神琮王（详见第二章）。

▲良渚玉璜（瑶山M11：94）：四季北斗猪神+四帝星纹

▲良渚玉镯（瑶山M1：30）：四季北斗猪神+四帝星纹

很多良渚玉琯、良渚玉璜、良渚玉镯，雕刻两个或四个北斗猪神，猪眼、猪鼻之间加刻四个帝星纹，标示北斗七星围绕北极帝星的四季旋转。

猪的猪眼、猪鼻之间，没有菱形的器官，因此这一刻于北斗猪神面部中心的菱形符号，只能是代替良渚神徽、象征北极天帝、专指北极帝星的"帝星纹"。

良渚文化的"帝星纹"，上古时代已经传播到良渚文化区域之外，中古以后又被夏商周继承。

▲帝星纹北斗猪神：良渚文化→红山文化

良渚文化的菱形"帝星纹"，北传西辽河流域的红山文化区域，见于内蒙古赤峰市出土、现藏赤峰博物馆的彩陶罐：按照良渚文化的帝星纹北斗猪神，把北斗猪神的嘴部做成了菱形。

▲帝星纹北极天帝：石家河祭天玉圭（台北故宫博物院藏）

良渚文化的菱形"帝星纹"，西传长江中游的石家河文化区域，见于台北故宫博物院收藏的石家河文化祭天玉圭：北极天帝的帝面中心，是两个源于良渚文化的菱形"帝星纹"。

顺便一提，石家河玉圭的正确摆放方式，也是上大下小的倒梯形，对应北斗斗魁的倒梯形。但是包括这件玉圭在内的多件石家河玉圭，也被乾隆颠倒为上小下大的正梯形，然后题诗（参看第三章）。

河南偃师二里头的夏代陶器、铜牌，北极天帝的帝面中心，也有源于良渚文化的菱形"帝星纹"——

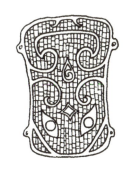

▲二里头陶器（夏代晚期）　　▲二里头铜牌（夏代晚期）

商周无数青铜器的北极天帝（旧称"饕餮纹"），帝面中心都是源于良渚文化的菱形"帝星纹"——

▲河南郑州白家庄出土（商代早期）

▲河南郑州小双桥出土（商代早期）

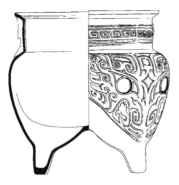

▲陕西汉中龙头镇出土（商代中期）

▲山东滕州前掌大出土（商代中期）

▲江西新干大洋洲出土（商代中期）

▲安阳殷墟侯家庄出土（商代晚期）

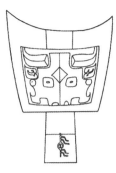

▲安阳殷墟郭家庄出土（商代晚期）

▲安阳殷墟大司空出土（商代晚期）

▲安阳殷墟妇好墓出土（商代晚期）

▲上博藏古父己卣（商代晚期）

▲陕西岐山贺家村出土（西周早期）

▲河南洛阳北窑出土（西周早期）

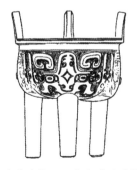

▲河南鹿邑长子口出土（西周早期）

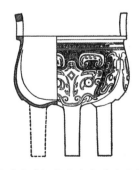

▲陕西宝鸡纸坊头出土（西周中期）

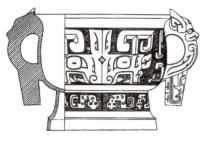

▲陕西泾阳高家堡出土（西周中期）　　▲四川彭县竹瓦街出土（西周中期）

　　商周青铜器的饕餮纹天帝，构图方式繁复多变，细节要素此有彼无，不同时期各有特色，不同区域各有风格，有些专家分出几十种类型，个别专家分出几百种类型。但是无论构图方式、细节要素怎样变化，无论时代差异、区域差异多么巨大，帝面中心永远都是良渚文化的菱形"帝星纹"。

　　良渚文化的菱形"帝星纹"，甚至见于商代甲骨文。

▲良渚神徽的简化图式、星象还原图式≈甲骨文"昊"

　　甲骨文"帝"字，专指北极天帝。甲骨文"昊"字，专指北极帝星。两者合词"昊天上帝"。甲骨文"昊"字不仅酷似良渚神徽（北极天帝）的简化图式和星象还原图式，而且"昊"字的帝面中心，也是源于良渚文化的菱形"帝星纹"。

　　以上大量的系统证据，充分证明良渚文化的菱形符号是代替良渚神徽、象征北极天帝、专指北极帝星的"帝星纹"。

　　良渚文化的"帝星纹"，是从上古到中古、从良渚到华夏的广大时空之内，见于无数玉器、陶器、铜器的中国文化顶级符号。这一顶级符号，尽管在上古玉器图像、中古青铜图像中占据着至高无上的中心位置，放射着照彻古今的永恒星光，但是因为深藏在良渚玉器和商周青铜器的繁复图像之中，而逐渐沉入了历史忘川，五千年来未被拈出、辨识、命名。

良渚文化的宗教信仰中，"北极天帝"具有至高无上的地位，但其完整形象，即"良渚神徽"，却极其罕见，而是经常以"帝星纹"的替代方式深藏隐形，一如《老子》所言："太上，不知有之。"

　　商周饕餮纹天帝，除了面部正中是良渚文化的帝星纹，整体形象也源于良渚神徽。且听下回分解。

第六章

良渚神徽的后世演变：夏商周饕餮纹

夏商周青铜器的饕餮纹天帝，除了帝面中心均有源于良渚文化的菱形"帝星纹"，整体造型也源于良渚神徽"天帝骑猪巡天图"。但是夏商周的饕餮纹天帝并非直接继承良渚神徽，而有诸多中间环节的细微变形。追溯其演变过程，必须从良渚神徽的上古传播说起。

一　良渚神徽的上古传播

良渚古国的鼎盛期，统治范围从长江下游的良渚文化区域向外强力扩张，文化影响力辐射华夏全境。

良渚祭天玉琮及其北斗猪神图式，遍布于长江下游的良渚文化区域，以环太湖流域为中心，包括浙江、上海、江苏、安徽、江西等区域。同时西传长江中上游，到达湖北石家河文化区域，四川三星堆文化区域。又北传黄河流域，到达山东大汶口文化区域，河南、河北、山西、陕西的龙山文化区域，甘肃、青海、宁夏的齐家文化区域。又南传珠江流域，到达广东石峡文化区域。

尽管良渚祭天玉琮及其北斗猪神图式广泛传播到华夏全境，但是良渚神徽的标准图式属于良渚王专用，在海量的良渚玉器中数量极少，仅见于良渚核心区域的少量顶级玉器。良渚非核心区域和良渚文化区域以外，目前为止均未发现一例。

不过良渚神徽的简化图式和星象还原图式，则被良渚古国的大酋长、大祭司广泛使用，又见于大量的良渚装饰玉器，还可能在族际交往中，被良渚王赠送给外族使者或外族酋长，所以传播到良渚文化区域以外。

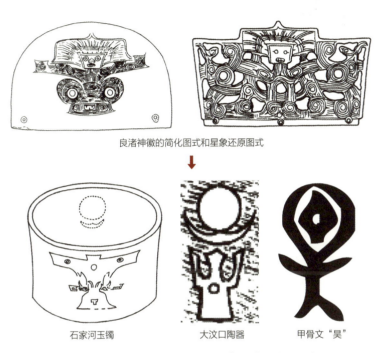

良渚神徽的简化图式和星象还原图式

石家河玉镯　　　　　大汶口陶器　　　　甲骨文"昊"

▲石家河文化、大汶口文化模仿良渚神徽简化图式

湖北石家河文化和山东大汶口文化，都对良渚神徽的简化图式和星象还原图式有所模仿。不仅天帝形象酷似良渚原型，而且加刻太阳在上、月牙在下的"昊"字纹，标示天帝主宰日月运行。

二　石家河天帝的良渚基因

长江中游的石家河文化，是长江下游的良渚文化西传以后，与当地原有的屈家岭文化结合产生的文化类型。

石家河文化早期，根据良渚神徽的简化图式和星象还原图式，创造了一种新型天帝：鹰冕天帝，见于大量的天帝玉佩和祭天玉圭——

良渚神徽简化图式（反山 M22 出土）

良渚神徽星象还原图式（反山 M15 出土）

石家河鹰冕天帝（华盛顿斯密森宁研究院藏）

石家河鹰冕天帝（华盛顿斯密森宁研究院藏）

石家河鹰冕天帝（湖北天门肖家屋脊出土）

石家河鹰冕天帝（陕西长安张家坡出土）

石家河鹰冕天帝（山西曲沃羊舌出土）

石家河鹰冕天帝（石家河出土）　　　石家河玉圭（江苏溧阳宋庄村出土）

石家河玉圭纹样（山东日照两城镇出土）　　　石家河玉圭纹样（上博藏）

石家河玉圭纹样（台北故宫博物院藏）

▲ 石家河鹰冕天帝

石家河文化早期的鹰冕天帝，主要根据良渚天帝的简化图式、星象还原图式而改造，把全身造型改造为仅有帝面：良渚天帝向上伸展的双臂，改造为向上伸展的鹰形帝冕。

三　石家河晚期的剪影天帝

石家河文化晚期，又根据良渚神徽简化图式的反面，创造了另一种新型天帝：剪影天帝，见于多件出土品和传世品——

良渚神徽简化图式（瑶山 M10 出土，左为正面，右为反面）

良渚神徽简化图式（纽约顾为群藏，左为正面，右为反面）

石家河剪影天帝（湖北天门肖家屋脊出土）

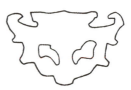

石家河剪影天帝（湖北钟祥六合出土）

石家河剪影天帝（美国西雅图艺术博物馆藏）

陶寺剪影天帝（山西陶寺中期陶寺王墓 M22 出土）

▲石家河剪影天帝

　　石家河文化晚期的剪影天帝，主要根据良渚北极天帝玉佩的反面而改造，所以全都没有五官。剪影天帝的假"双目"，并非源于良渚天帝的双目，而是源于良渚天帝玉佩颈部、双臂之间的空缺，因而神秘诡异，威严狞厉。剪影天帝的帝冕，仍是石家河天帝固有的鹰形帝冕。

　　石家河文化晚期的剪影天帝，又北传中原的伏羲—神农族，见于山西陶寺神农古国的王级大墓。

　　有些学者认为，山西陶寺王级大墓所属的陶寺中期大城是尧都。但是这一观点无法合理解释陶寺中期的大城为何遭到平毁。我认为陶寺中期的大城，当属晚期伏羲族即神农族的国都。唐尧时期的红山黄帝族，南下中原伐灭了陶寺神农国，平毁了陶寺中期的大城。陶寺晚期的小城，才是真正的尧都。

四　夏商周的饕餮纹天帝

　　长城以北的上古黄帝族，通过"炎黄之战"南下中原，征服了中原的伏羲—神农族，先后建立了中古黄帝族的夏商周三大王朝。由于夏商周全都定都中原，均以中原伏羲—神农族的山西陶寺文化为基础，因此夏商周青铜器的饕餮纹天帝，以良渚文化的北极天帝（即良渚神徽）为远源，以石家河文化的剪影天帝为近源，以陶寺文化的剪影天帝为直接源头，最终

夏代饕餮纹天帝（河南偃师二里头出土）

商代饕餮纹天帝（河南郑州小双桥出土）

西周饕餮纹天帝（陕西岐山贺家村出土）

▲夏商周饕餮纹天帝

　　夏商周的饕餮纹天帝源于良渚神徽的最强硬证是：饕餮纹天帝的帝面中心，均有源于良渚文化、代替良渚神徽、象征北极天帝、专指北极帝星的菱形"帝星纹"（详见第五章）。

　　夏商周黄帝族的饕餮纹天帝，除了整体造型源于良渚神徽，也继承了上古黄帝族的北极天帝造型的重要特征，又吸收了上古华夏其他文化圈的北极天帝造型的多种要素。且听下回分解。

第七章

夏商周饕餮纹天帝的图法解密：
北极天帝"帝俊"

良渚神徽"天帝骑猪巡天图"，是良渚文化的至高神"北极天帝"。"北极天帝"也是上古华夏其他族群和中古夏商周的至高神，只是神名不尽相同。根据文献记载，上古北极天帝的神名，有"帝俊"(《山海经》)、"玄鼋"(《淮南子》)、"轩辕"(《山海经》)等等；中古北极天帝的神名，有"紫微大帝"、"玉皇大帝"、"太一上帝"、"东皇太一"等等。

本章梳理上古华夏各大族群的各种北极天帝造型，辨析中古夏商周的饕餮纹天帝对上古北极天帝各种造型的综合吸收和全面继承。

一　仰韶伏羲族的北极天帝"帝俊"和"帝"字

上古伏羲族通过夜观星象，发现了北斗七星围绕北极帝星旋转，于是在帝星及左右二星与北斗三星之间，添加了"帝"字形连线——

然后伏羲族又根据北极天象的"帝"字形连线，创造了伏羲族的北极天帝造型——

上古伏羲族的北极天帝造型，最早见于伏羲族祖地甘肃天水大地湾的彩陶：北极天帝双手擎天，双腿下蹲。胸部正中的圆点标示北极帝星。

稍后见于甘肃伏羲族的彩陶：北极天帝的基本造型不变，头部正中的圆点标示北极帝星。

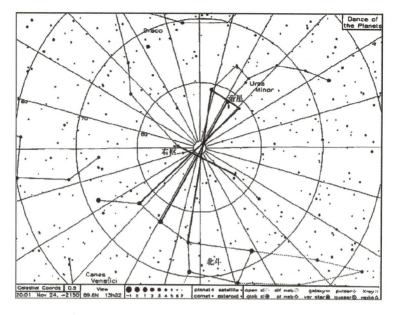

▲北极天象的"帝"字形连线：北斗七星围绕北极帝星旋转（班大为）

甘肃天水大地湾出土

甘肃临洮出土

陕西铜川前茆出土

▲伏羲族的北极天帝造型

　　甘肃伏羲族东扩，到达陕西。陕西铜川前茆的北极天帝，基本造型不变，一手举日，一手举月，标示北极天帝主宰日月运行。

　　伏羲族的北极天帝造型，均有两大特征：一是双手上举，二是双腿下蹲，分别对应于北极天象连线的上半部分和下半部分。所以《山海经》记载的伏羲族北极天帝，名为"帝俊"，因为"俊"通"踆"，"踆"训"蹲"。证见《山海经》郭璞注："踆，俊，皆古蹲字。"郝懿行疏："俊、蹲、倨，其义同，故曰'皆古蹲字'也。"

伏羲族又根据北极天象的"帝"字形连线，创造了华夏最早的"帝"字——

甘肃永昌鸳鸯池出土　　陕西临潼姜寨出土　　河南汝州洪山庙出土　　商代甲骨文

▲伏羲族"帝"字→甲骨文"帝"字

中古夏商周不仅继承了上古伏羲族的"帝"字，而且继承了上古伏羲族的北极天帝造型，演化为四种图式。

第一图式：北极天帝一足踩日，一足踩月。强调其高于日月的至高神地位——

▲天帝足踩日月（湖北荆门出土，西周）

第二图式："北极天帝"分化为阴阳二神。太阳神羲和举日，月亮神常羲举月——

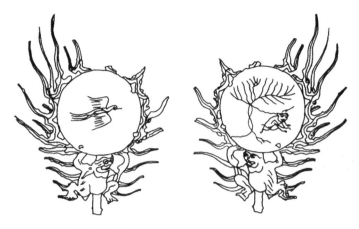

▲羲和举日、常羲举月（湖北秭归出土，汉魏）

第三图式："北极天帝"也分化为阴阳二神。男祖神伏羲氏举日，女祖神女娲氏举月——

▲伏羲举日、女娲举月（四川崇庆，东汉）

第四图式："北斗猪神"双手分抱举日的羲和、举月的常羲。意为至高神"北极天帝"并不直接管理阴阳二神，而是授权次高神"北斗猪神"管理阴阳二神——

▲北斗猪神合抱阴阳二神（洛阳偃师邙山汉墓）

上古伏羲族的北极天帝造型，演化为中古以后的四种图式，显示了华夏神谱的形成过程：首先是单一的至高神"北极天帝"（玉皇大帝），随后分化出次高神"北斗猪神"（天蓬元帅），再后分化出日神"羲和"、月神"常羲"等等，相当于《老子》所言"道生一，一生二"，《易传》所言"太极生两仪"。

通过以图证史，华夏文化的很多重要观念不再是凌空蹈虚、来源不明的抽象观念，逐步发展的印迹清晰可见。

二　红山黄帝族的北极天帝造型

《山海经》提及黄帝族族名"轩辕"四次，方位有二，均在长城以北。说明上古黄帝族生活在长城以北，分为东、西两支。《北山经》提及的黄帝族，是华夏东北的黄帝祖族，对应内蒙古东部、辽宁西部、西辽河流域的红山文化区域。《西山经》提及的黄帝族，是华夏西北的西扩黄帝支族，对应内蒙古中西部、陕西北部、河套地区的石峁文化区域。

华夏东北的红山黄帝族，北极天帝的造型分为早期、晚期两种类型。

早期的红山黄帝族，通过夜观星象，发现了北斗七星围绕北极帝星旋转，于是把四季北斗及其围绕北极帝星的旋转线，拟形为勾云形器"玄鼋"——

勾云形器"玄鼋"（辽宁建平牛河梁 N2Z1M14：1）

勾云形器"玄鼋"（辽宁建平牛河梁 N16M2：1）

 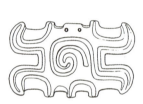

勾云形器"玄鼋"（内蒙古赤峰巴林右旗那斯台出土）

▲红山黄帝族的北极天象拟形：勾云形器"玄鼋"

然后红山黄帝族又根据勾云形器"玄鼋"，创造了本族的北极天帝造型：勾云形天帝"轩辕"——

由于商代黄帝族源于红山黄帝族，所以商代早期、中期的饕餮纹，源于红山黄帝族的勾云形天帝"轩辕"。

晚期的红山黄帝族，受到伏羲族文化影响，又创造了北极天帝的新型：双腿下蹲的"帝俊"式天帝——

勾云形天帝"轩辕"（辽宁建平牛河梁 N2Z1M27 出土）

勾云形天帝"轩辕"（美国华盛顿赛克勒美术馆藏）

勾云形天帝"轩辕"（陕西凤翔上郭店春秋秦墓出土之上古传世品）

商代早期勾云形天帝"轩辕"（郑州杜岭出土一号方鼎）

商代中期勾云形天帝"轩辕"

▲红山黄帝族的北极天帝造型：勾云形天帝"轩辕"

| 故宫博物院藏 | 剑桥大学藏 | 震旦博物馆藏 | 美国克利夫兰博物馆藏 | 瑞典远东博物馆藏 | 1996 年北京翰海拍品 |

▲红山黄帝族晚期的北极天帝新型：蹲踞式天帝"帝俊"

红山黄帝族的北极天帝新型，属于蹲踞式天帝"帝俊"类型：双手下按，同于良渚南蛮族的北极天帝；双腿下蹲，同于仰韶伏羲族的北极天帝"帝俊"。

上古黄帝族通过"炎黄之战"南下征服中原伏羲族，先后建立了夏商周三大王朝，同时全面继承了上古伏羲族的文化。因此中古黄帝族的"帝"字，继承了上古伏羲族的"帝"字，见于甲骨文。中古黄帝族的北极天帝，继承了上古伏羲族的"帝俊"，见于《山海经》。

三　石峁黄帝族的北极天帝造型

华夏西北河套地区的石峁黄帝族，北极天帝有两种造型。

陕西石峁皇城台北极天帝（龙山文化晚期）

河南郑州新砦（夏代早期）　　　河南偃师二里头（夏代晚期）

▲石峁黄帝族的北极天帝竖式造型

石峁黄帝族的北极天帝竖式造型，继承了红山黄帝族的北极天帝晚期造型。后被夏代黄帝族继承，见于河南郑州新砦出土的夏代早期饕餮纹陶器、河南偃师二里头出土的夏代晚期饕餮纹铜牌。然而商代黄帝族没有继承石峁黄帝族、夏代黄帝族的北极天帝竖式造型。

陕西石峁皇城台北极天帝（龙山文化晚期）

花地嘴饕餮纹天帝（夏代早期）　　　　殷墟饕餮纹天帝（商代晚期）

▲石峁黄帝族的北极天帝横式造型

石峁黄帝族的北极天帝横式造型，继承了红山黄帝族的北极天帝早期造型。后被夏代黄帝族继承，见于河南郑州巩义花地嘴出土新砦文化陶器的饕餮纹天帝。也被商代黄帝族继承，见于河南安阳殷墟出土铜器的饕餮纹天帝。

夏代黄帝族源于华夏西北的石峁黄帝族，所以全面继承了石峁黄帝族的北极天帝横式造型和竖式造型。

商代黄帝族源于华夏东北的红山黄帝族，所以商代仅仅继承了红山黄帝族、石峁黄帝族、夏代黄帝族的北极天帝横式造型，没有继承石峁黄帝族、夏代黄帝族的北极天帝竖式造型。

四　良渚南蛮族的另一种北极天帝造型

商代晚期和西周早期的经典饕餮纹，又吸收了良渚神徽的造型和良渚北极天帝的斗形角。

本书第一章，已言良渚神徽对应北极天象——

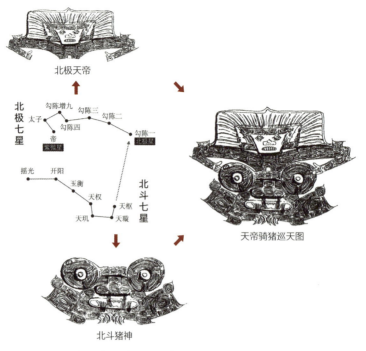

北极天帝

天帝骑猪巡天图

北斗猪神

▲北极天象→良渚神徽"天帝骑猪巡天图"（张远山原创）

　　然而良渚神徽"天帝骑猪巡天图"仅是良渚文化的北极天帝主要造型，并非唯一造型。良渚文化另有一种北极天帝造型，同样源于北极天象的拟形，见于江苏南京高淳县朝墩头的出土玉器——

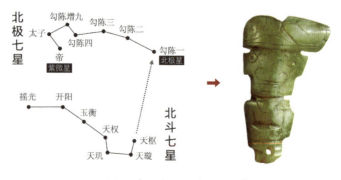

▲北极天象→朝墩头斗形冕天帝

良渚神徽的北极天帝，把北极七星拟形为天帝的帝冕和手臂。朝墩头的北极天帝，则把北极七星拟形为天帝的斗形帝冕。

　　良渚文化的斗形冕天帝，也被商周时代继承，见于商代玉鹰、玉龙、人面天帝、饕餮纹天帝——

商代斗形冕玉鹰（妇好墓出土） 西周斗形冕玉龙（香港钟华培藏）

商代斗形角人面天帝（湖南出土大禾鼎）

西周斗形角人面天帝（河南平顶山薛庄乡 M84 出土）

商周常见的斗形角饕餮纹天帝

▲良渚斗形冕天帝→商周斗形角天帝

商周饕餮纹天帝的斗形角，源于良渚文化早期天帝的斗形冕，两者都是北极七星的拟形。马承源等学者把商周饕餮纹天帝的斗形角称为"曲折角"，然而"曲折角"不见于任何动物，这一命名无法揭示斗形角源于北极七星，也无法揭示饕餮纹实为北极天帝。

五　夏商周饕餮纹天帝是上古天帝造型的集大成

　　本章梳理了上古华夏各大族群的各种北极天帝造型，充分证明夏商周青铜器的饕餮纹，实为北极天帝的造型：以良渚文化晚期的良渚神徽为远源，以石家河文化晚期的剪影天帝为近源（详见第六章），又综合吸收了红山黄帝族、石峁黄帝族、夏代黄帝族的勾云形天帝、良渚南蛮族的斗形冕天帝、仰韶伏羲族的蹲踞式天帝的造型要素，堪称上古华夏各种天帝造型的集大成。

　　　上古华夏的四大族群，不仅都有北极天帝，而且都有北斗猪神。且听下回分解。

第八章

北斗猪神的人间对应：天子对位北斗猪神

良渚神徽"天帝骑猪巡天图"的下部，是良渚文化的次高神"北斗猪神"。"北斗猪神"也是上古华夏其他族群和中古夏商周的次高神，只是神名不尽相同。根据文献记载，上古北斗猪神的神名，有"封豨"（《淮南子》）、"封豕"（《左传》）、"并封"（《山海经》）等等；中古北斗猪神的神名，有"北斗星君"、"北斗真君"、"斗斋星神"、"天蓬元帅"等等。

本章梳理上古华夏各大族群的各种北斗猪神造型，辨析中古夏商周对上古北斗猪神各种造型的继承。

一　仰韶伏羲族的北斗猪神

上古伏羲族通过夜观天象，发现了北斗七星围绕北极帝星旋转，于是根据北极天象的"帝"字形连线，创造了伏羲族的北极天帝"帝俊"和"帝"字（详见第七章）；然后根据北斗七星的斗魁四星，呈倒梯形，酷似猪的眼鼻四孔，创造了伏羲族的"北斗猪神"——

甘肃天水王家阴洼出土的大地湾文化彩陶壶，四面各画一个北斗猪神，标示四季北斗的循环旋转。猪眼的眼珠，标示太阳。猪眼的眼白，标示月亮。

甘肃天水出土的大地湾文化彩陶盆，猪鼻二孔改为标示阳半年、阴半

甘肃天水王家阴洼出土　　　　甘肃天水出土　　　　陕西临潼姜寨出土

▲伏羲族的北斗猪神：大地湾文化→仰韶文化

年的两仪纹。猪眼的眼珠，仍然标示太阳。猪眼的眼白，仍然标示月亮。

　　甘肃伏羲族向东扩张，成为神农族，形成了陕西、山西、河南的仰韶文化（前5000—前3000）。陕西临潼姜寨出土的仰韶文化彩陶壶，承袭甘肃伏羲族的北斗猪神。

　　甘肃伏羲族向南扩张，成为彝族的祖族，先从四川东部扩张到湖南西南部，形成了沅水流域的高庙文化（前5800—前4500）。又从四川东部扩张到湖南西北部、湖北西南部，形成了洞庭湖流域的大溪文化（前4500—前3300）。

　　高庙文化的北斗猪神，不太强调猪的眼鼻四孔，特别强调野猪的上下獠牙——

▲高庙文化的北斗猪神

高庙文化的北斗猪神祭坛，建筑样式和陈列方式全都酷似六千年后的汉阙，是华夏文化传承八千年的重要硬证——

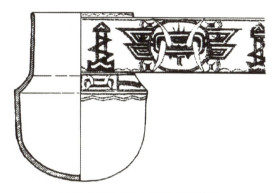

公元前六千年：高庙文化的北斗猪神祭坛

公元前后：汉画像石的汉阙

公元后两千年：当代仿建的汉阙

▲高庙文化的北斗猪神祭坛→汉阙

二　红山黄帝族的北斗猪神"封豨"和"并封"

　　红山黄帝族通过夜观天象，也发现了北斗七星围绕北极七星之帝星旋转，于是先根据北极天象创造了勾云形玉器"玄鼋"，再根据"玄鼋"创造了勾云形天帝"轩辕"；又接受仰韶伏羲族、良渚南蛮族的双重影响，创造了蹲踞式天帝"帝俊"（详见第七章）。然后根据北斗七星的斗魁四星，呈倒梯形，酷似猪的眼鼻四孔，创造了黄帝族的北斗猪神"封豨"（《淮南子》）。

黄帝族把猪视为北斗之神的证据很多，限于篇幅，仅举两大硬证。

第一硬证：牛河梁遗址的斗形布局和正南方向的猪首山——

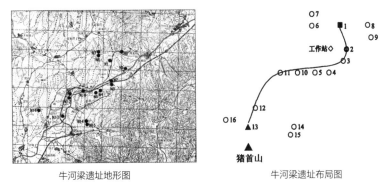

牛河梁遗址地形图　　　　　牛河梁遗址布局图

▲辽宁建平牛河梁遗址：北斗七星布局＋猪首山

辽宁建平的牛河梁遗址，是红山黄帝族的最大祭祀中心，共有十六处地点，按照北斗七星布局：第一地点是作为牛河梁遗址核心的女神庙，对应北斗第一星"天枢星"；第十三地点是牛河梁遗址的制高点，对应北斗第七星"摇光星"，而且正南方向面对猪首山，即"封豨山"。

第二硬证：城子山遗址的北斗七星祭坛和正南方向的猪首石，即"封豨岩"——

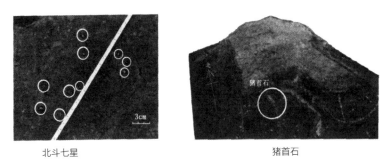

北斗七星　　　　　　　　　猪首石

▲内蒙古赤峰敖汉旗城子山遗址：北斗七星＋猪首石

内蒙古赤峰敖汉旗的城子山遗址，有夏家店下层文化（红山文化的后继文化）的北斗七星祭坛和观星台。祭坛的石头表面，刻有北斗七星。观星台的正南山岩，雕了一个巨大的猪首，即"封豨岩"。

两大硬证已经足以证明：上古黄帝族把猪视为北斗之神。

其他旁证，还有无数。比如红山黄帝族有大量的北斗猪神"封豨"面具、玉佩、陶罐——

河北易县北福地　　　　内蒙古白音长罕　　　　内蒙古赤峰松山区

▲红山黄帝族的北斗猪神"封豨"面具、玉佩、陶罐

红山黄帝族还有大量的北斗猪神"封豨"玉玦——

▲红山黄帝族的北斗猪神"封豨"玉玦

红山黄帝族崇拜北斗猪神"封豨"，所以族名是"豨韦氏"。夏代仍有"豨韦氏"的封国"豕韦国"。成吉思汗蒙古族是红山黄帝族"豨韦氏"的后裔，所以族名是"室韦氏"。

红山黄帝族酋长的权柄、玉佩，与良渚酋长的权柄一样，全都只刻北斗猪神，不刻北极天帝——

▲红山黄帝族的北斗猪神权柄、玉佩

上古黄帝族还有一种双猪首的北斗猪神，亦即《山海经·海外西经》的"并封"："并封在巫咸东，其状如彘，前后皆有首。"——

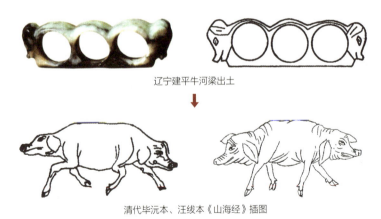

辽宁建平牛河梁出土

清代毕沅本、汪绂本《山海经》插图

▲红山黄帝族的雌雄北斗猪神"并封"

"并封"是"并列封豨"的简称，即雌雄北斗猪神的合体。

上古黄帝族酋长死后，又与雌雄北斗猪神"并封"合葬——

▲上古黄帝族酋长与雌雄北斗猪神"并封"合葬（内蒙古赤峰兴隆洼 M118）

《淮南子·天文训》记载了雌雄北斗猪神"并封"的天文内涵："北斗之神有雌雄，雄左行，雌右行。""雄左行"就是"天左行"，对应天球的顺时针旋转。"雌右行"就是"地右行"，对应地球的逆时针旋转。

上古黄帝族酋长，自居"天帝之子"（简称"天子"），所以天文对位是北斗七星，宗教对位是"北斗猪神"。生前是"北斗猪神"下凡，所以手持北斗猪神"封豨"权柄，佩戴北斗猪神"封豨"玉佩或"并封"玉佩。死后归位"北斗猪神"，列于仙班，称为"宾天"，即重新成为"北极天帝"的宾客，所以与雌雄北斗猪神"并封"合葬。良渚南蛮族酋长头戴北斗猪神玉冠，手持北斗猪神权柄（详见第四章），命意与此相同。

黄帝族始祖"黄帝"，是作为"北斗之神"下凡的第一人，见于文献记载——

黄帝名轩辕，北斗神也。（《河图始开图》）
黄帝名轩辕，北斗黄神之精。……黄帝母曰地祇之子，名附宝，之郊野，大霓绕北斗，枢星耀，感附宝，生轩辕。（《河图握矩纪》）

上古黄帝族的酋长和中古夏商周的天子，都是黄帝族始祖"黄帝"的子孙，所以天文对位也是北斗七星，宗教对位也是北斗猪神。

三　大汶口东夷族的北斗猪神

大汶口东夷族北邻红山黄帝族，全面接受了红山黄帝族的两种"北斗猪神"及其相关观念、相关风俗。

大汶口东夷族也有大量的北斗猪神——

<table>
<tr><td>山东泰安大汶口</td><td>江苏新沂花厅</td></tr>
<tr><td>安徽含山凌家滩</td><td>江苏新沂花厅</td></tr>
</table>

▲大汶口东夷族的北斗猪神"封豨"

红山黄帝族的雌雄北斗猪神"并封"，被大汶口东夷族改造为以"并封"为双翅的"并封鸟"，类似于良渚南蛮族为北斗猪神添加鸟爪，意为"并封"并非凡猪，而是翱翔天际的北斗猪神——

▲东夷族的"并封鸟"（安徽凌家滩出土）

大汶口东夷族接受了红山黄帝族酋长对位"北斗猪神"的观念，以及红山黄帝族酋长死后与"北斗猪神"合葬的风俗，所以东夷族的凌家滩酋长大墓，以"北斗猪神"为镇墓神兽——

▲东夷族酋长的镇墓神兽"北斗猪神"（安徽凌家滩出土）

这件东夷族镇墓玉猪，长达72厘米，重达88公斤，是上古华夏体量最大、分量最重的北斗猪神圆雕。

四　良渚南蛮族的其他北斗猪神

良渚文化的前身河姆渡文化、马家浜文化、崧泽文化，已有北斗猪神——

河姆渡文化

马家浜文化　　　　　　崧泽文化

▲河姆渡、马家浜、崧泽文化的北斗猪神

良渚文化又把北斗猪神视为北极天帝四季巡天的坐骑，创造了良渚神徽"天帝骑猪巡天图"——

▲良渚神徽：天帝骑猪巡天图　　　▲神徽下部独立出来的北斗猪神

▲南京六合羊角山北斗猪神
纺轮：上古华夏的"猪八戒"

除了从良渚神徽下部独立出来的北斗猪神，良渚文化还有北斗猪神的其他造型。比如南京六合羊角山出土的纺轮，画着人格化的北斗猪神，堪称上古华夏的"猪八戒"造型——

五　夏商周的北斗猪神

中古夏商周继承上古华夏的四千年传统，仍然把猪视为北斗之神。夏商周黄帝族也制作了大量的北斗猪神"封豨"玉玦——

殷墟商墓　　　西周虢国墓　　　西周芮国墓　　　战国秦墓　　　天津清墓

▲商周北斗猪神"封豨"玉玦

夏商周黄帝族又制作了祭祀北斗猪神"封豨"的大量青铜器——

商代豕尊（湖南湘潭九华乡船形山出土）

商代豕卣（上海博物馆藏）

西周豕卣（山西天马曲村晋侯墓出土）

▲祭祀北斗猪神"封豨"的商周青铜器

夏商周黄帝族又制作了祭祀北斗猪神"并封"的大量漆器——

湖北省博物馆藏　　　　湖北省博物馆藏　　　　湖南省博物馆藏

▲祭祀北斗猪神"并封"的战国漆盒

战国曾侯乙墓漆棺上的北斗猪神，比良渚文化的北斗猪神更加接近"猪八戒"的造型——

▲战国曾侯乙墓漆棺的镇墓北斗猪神：战国时代的"猪八戒"

　　曾侯乙漆棺的北斗猪神，一方面标示墓主是"北斗猪神"下凡，另一方面用"北斗猪神"镇墓，两者均属上古遗风。

　　大量的考古证据和相关文献充分证明：从上古四千年到中古两千年，北斗猪神"天蓬元帅"始终是仅次于北极天帝"紫微大帝"的华夏次高神。所以上古华夏的陶猪、玉猪，中古夏商周的铜猪、漆猪，全都不是凡猪，都是北斗猪神"封豨"或"并封"，亦即"北斗星君"、"北斗真君"、"斗斋星神"、"天蓬元帅"。

　　秦汉之际的中华历史重大改道，与上古至中古的六千年传统发生了全面断裂。秦汉以后改组重建了华夏神谱，导致上古至中古的北斗猪神逐渐沉入了历史忘川。凭借现代考古的伟力，今人才能从历史忘川中重新打捞出"北斗猪神"，找到"猪八戒"的上古源头。

上古华夏四大族群都以"北极天帝"为至高神，都以"北斗猪神"为次高神，充分证明：华夏区域在出现统一国家以前，已经成为文化要素大同、区域特色小异的全球最大文化共同体。

上古南蛮族在良渚文化时期把北极天象拟形为北极天帝、北斗猪神之前，已在河姆渡文化时期把北极天象拟形为后来传遍华夏、进而传遍全球的一个天文符号：四季北斗绕极符，亦即后世所言的"万字符"。且听下回分解。

第九章

良渚神徽的前世法身：
四季北斗绕极符（万字符）

▲佛像胸口的万字符（《楞严蒙钞》图）

良渚神徽"天帝骑猪巡天图"，是高度成熟的宗教图像，不可能突然凭空产生，而是文化长期积累的结晶。所以想要透彻理解良渚神徽，还有必要追溯良渚神徽的前身：河姆渡文化的"四季北斗绕极符"。

上古华夏的"四季北斗绕极符"，就是大家熟知的"万字符"。

但是很多中国人误以为，万字符是佛教在汉代从印度传入中国之时带来的——

其实根据目前的考古发现，全球最早的万字符，由上古华夏首创，早于佛教传入中国五千年。

一 华夏首创万字符第一硬证：
蕴涵中国天文学独创范畴

华夏最早的万字符（也是全球最早的万字符），由良渚文化的前身河姆渡文化首创。

河姆渡人创造万字符的过程，分为四步——

▲河姆渡四鸟万字符（M4：1）

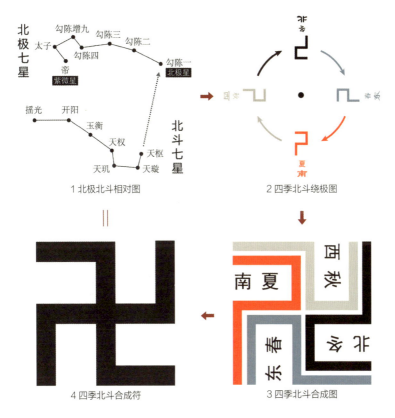

1 北极北斗相对图

2 四季北斗绕极图

4 四季北斗合成符

3 四季北斗合成图

▲北极天象生成四季北斗合成符：万字符（张远山原创）

第一步，河姆渡人夜观天象，发现了北斗七星围绕北极帝星顺时针旋转，画出"北极北斗相对图"。

第二步，河姆渡人继续夜观天象，又发现了北斗七星围绕北极帝星，每天旋转1°，每月旋转30°，每季旋转90°，每年旋转360°，画出"四季北斗绕极图"，表达北斗斗柄的"指时"功能："斗柄东指，天下皆春；斗柄南指，天下皆夏；斗柄西指，天下皆秋；斗柄北指，天下皆冬。"（《鹖冠子·环流》）

第三步，河姆渡人又把四季北斗合于一图，画出"四季北斗合成图"。

第四步，河姆渡人再把"四季北斗合成图"的双线叠成单线，画出"四季北斗合成符"，成为华夏最早、全球最早的万字符。

"北极七星"和"北斗七星"，都是华夏天文学独创的天文范畴。两河流域、古埃及、古希腊的天文学，"北极七星"是"小熊星座"的一部分，"北斗七星"是"大熊星座"的一部分。这是作为"四季北斗绕极符"的万字符，由华夏民族而非其他民族首创的第一硬证。

除此之外，还有大量的其他硬证。

二 华夏首创万字符第二硬证：
时间最早、数量最多、风格最全

河姆渡人首创的"四季北斗绕极符"（万字符），完美表达了"斗柄指时"的天文奥秘，于是在新石器时代晚期迅速传遍华夏全境。

河姆渡文化首创的万字符，被后续的崧泽文化继承。又在崧泽文化时期，传遍华夏全境。传播过程中，拟形万字符逐渐定型为标准万字符，又变化出各种特殊风格。

比如红山文化区域，既有标准万字符，也有少量的特殊风格万字符——

马家窑文化区域，也是既有标准万字符，又有大量的特殊风格万字符——

| 青海柳湾 | 内蒙古石棚山 | 安徽凌家滩 | 南京北阴阳营 |

| 湖北宜昌清水滩 | 浙江余姚河姆渡 | 上海青浦崧泽 | 广东曲江石峡 |

▲河姆渡万字符传遍华夏全境

▲红山文化万字符

　　从距今七千年到距今四千年，万字符在华夏全境遍地开花，各种拟形万字符，各种特殊风格万字符，标准万字符，应有尽有，是全球范围内万字符出现时间最早、数量最多、风格最全的唯一区域。这是万字符由华夏民族而非其他民族首创的第二硬证。

▲马家窑文化万字符

三　华夏首创万字符第三硬证：
夏商周秘藏，见于甲骨文

　　河姆渡万字符"四季北斗绕极符"，良渚神徽"天帝骑猪巡天图"，尽管差异极大，却有一个共同源头——

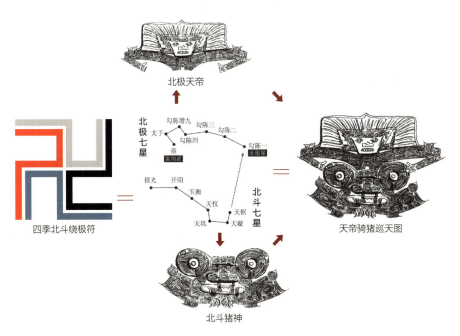

▲北极天象→四季北斗绕极符→天帝骑猪巡天图（张远山原创）

    上面的解密图，足以证明：河姆渡万字符"四季北斗绕极符"是北极天象的天文符号，良渚神徽"天帝骑猪巡天图"是北极天象的宗教图像。由于天象崇拜是宗教崇拜的源头，天文符号是宗教图像的源头，所以河姆渡万字符是良渚神徽的前身，两者的共同源头是北极天象。

    上古华夏首创的"四季北斗绕极符"（万字符），夏商周时代仍然大量存在。但是夏商周黄帝族为了巩固王权、强化王权、神化王权，实行"绝地天通"（《尚书》、《国语》、《山海经》、《史记》等），严禁传播天文知识，秘藏一切天文图像，于是把天文符号"万字符"秘藏于绝大多数人无法见到的甲骨文、日晷、盖图、青铜器——

    佛教传入中国以前的夏商周，既有作为天文符号的大量万字符，又有记载"斗柄指时"的大量文献。这是万字符由华夏民族而非其他民族首创的第三硬证。

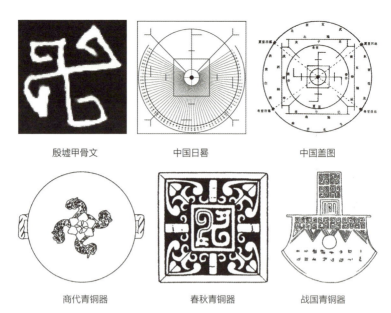

| 殷墟甲骨文 | 中国日晷 | 中国盖图 |

| 商代青铜器 | 春秋青铜器 | 战国青铜器 |

▲秘藏于殷墟甲骨文、商周青铜器、天文仪器的中古万字符

四　华夏首创万字符第四硬证：全球特殊风格总源头

河姆渡万字符在新石器时代晚期传遍华夏全境以后，又越出华夏区域，向全球范围广泛传播。

美洲万字符的特殊风格，都能在上古华夏找到源头，证明美洲万字符源于华夏万字符——

| 华夏 | 河姆渡 | 小河沿 | 大汶口 | 马家窑 |
| 美洲 | 美国田纳西 | 纳瓦霍人 | 玛雅人 | 祖尼人 |

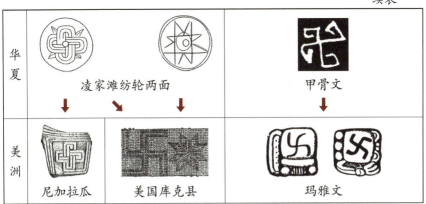

▲华夏特殊风格万字符东传美洲

亚欧万字符的特殊风格，都能在上古华夏找到源头，证明亚欧万字符源于华夏万字符——

▲华夏特殊风格万字符西传亚欧

全球范围的特殊风格万字符，都能在上古华夏找到源头。这是万字符由华夏民族而非其他民族首创的第四硬证。

五　华夏首创万字符第五硬证：
只有中国天文范畴可以解密

由于全球万字符无不源于华夏万字符，所以与华夏万字符一样，都是"四季北斗绕极符"。

首先，华夏范围的特殊风格万字符，都是"四季北斗绕极符"——

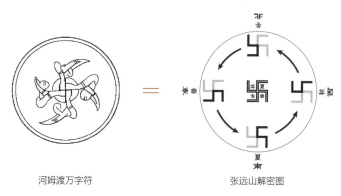

河姆渡万字符　　　　　　　张远山解密图

▲河姆渡四鸟万字符解密

余姚河姆渡的四鸟万字符，包含两个地盘卐：圆心的四鸟颈，把四季北斗合为地盘卐。圆周的四鸟首，又把地盘卐解析为四季北斗。

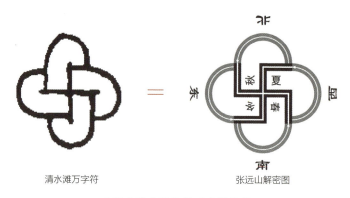

清水滩万字符　　　　　　　张远山解密图

▲湖北清水滩旋转万字符解密

湖北清水滩的旋转万字符，中心是一个地盘㠯，外面添加了四季北斗的逆时针旋转线。旋转万字符的外观，如同绳结，是具有天文内涵的最早"中国结"。

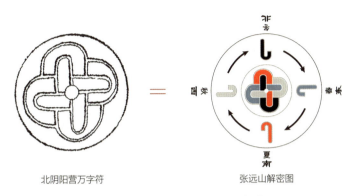

北阴阳营万字符 　　　　　　　　 张远山解密图

▲南京北阴阳营权杖形万字符解密

南京北阴阳营的权杖形万字符，是四个权杖叠加的天盘卍。把四季北斗拟形为权杖，是因为手持权杖的上古酋长，天文对位是北斗七星（详见第四章）。

其次，全球范围的特殊风格万字符，都是"四季北斗绕极符"——

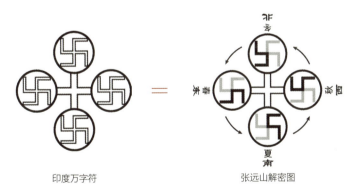

印度万字符 　　　　　　　　 张远山解密图

▲印度四季万字符解密

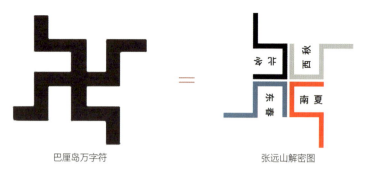

巴厘岛万字符　　　　　　　张远山解密图

▲巴厘岛外折万字符解密

两河流域万字符　　　　　　张远山解密图

▲两河流域外折万字符解密

凯尔特万字符　　　　　　　张远山解密图

▲凯尔特旋转万字符解密

拉普兰万字符　　　　　　　张远山解密图

▲拉普兰箭头万字符解密

最后，华夏范围和全球范围的标准万字符，都是"四季北斗绕极符"——

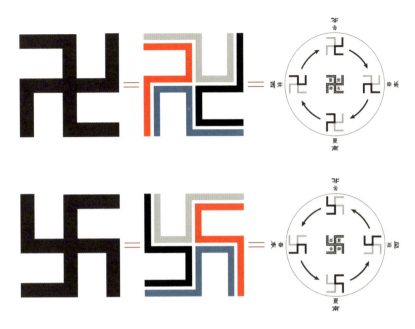

▲全球标准万字符解密：天盘卐，顺时针；地盘卍，逆时针（张远山原创）

华夏范围和全球范围的一切特殊风格万字符和一切标准万字符，全都只能用华夏独创的天文范畴"北极七星"、"北斗七星"予以解密，不能用其他民族的天文范畴或神秘内涵予以解密。这是万字符由华夏民族而非其他民族首创的第五硬证。

尽管新石器时代晚期的全球各地都有万字符，但是其他民族全都视为含义不明的宗教符号、吉祥符号、神秘符号，不能解释万字符的确切内涵。这是万字符由华夏民族而非其他民族首创的重要旁证。

上古华夏拥有全球范围时间最早、数量最多、风格最全的万字符，中古夏商周也有作为天文符号的大量万字符和记载"斗柄指时"的大量文献，所以只有中国人才能综合考古证据和文献证据，运用中国天文学的独创范畴"北极七星"、"北斗七星"，解密全球范围一切万字符的精确天文内涵：

完美表达"斗柄指时"的"四季北斗绕极符"。

　　上古南蛮族不仅首创了作为"四季北斗绕极符"的万字符，而且首创了从上古华夏延续至中古夏商周的祭天乐舞"万舞"，亦即植根于万字符的"万字符之舞"。这是万字符由华夏民族首创的第六硬证，也是最强硬证。且听下回分解。

第十章

华夏祭天乐舞"万舞"解密：万字符之舞

上古华夏创造了作为"四季北斗绕极符"的万字符，被中古夏商周继承，见于陶器、青铜器、甲骨文和天文仪器（详见第九章）。

上古华夏又创造了植根于万字符的祭天乐舞"万字符之舞"，简称"万舞"，也被中古夏商周继承，见于《诗经》、《左传》、《墨子》、《庄子》、《吕氏春秋》、《史记》等大量文献——

庸鼓有斁，万舞有奕。(《诗经·商颂》)

简兮简兮，方将万舞。日之方中，在前上处。硕人俣俣，公庭万舞。(《诗经·邶风》)

万舞洋洋，孝孙有庆。(《诗经·鲁颂》)

万舞翼翼，章闻于天。(《墨子·非乐》)

我之帝之所，游于钧天，广乐九奏万舞。(《史记·赵世家》)

甲骨文大量记载"万舞"，有时写成"卍舞"(《甲骨文合集》20974)，成为"万舞"是"万字符之舞"的最强硬证。同时证明，"万"是"卐"的加密写法：上半变成直线，下半基本不变。加密的原因，是神化王权而严禁传播天文知识、天文图像，史称"绝地天通"。

根据海量的考古图像和相关文献，上古至中古的华夏

▲甲骨文：
卍舞（＝万舞）

祭天乐舞"万舞"（卍舞），共有三大舞姿：顶天立地，降龙伏虎，踏罡步斗。

一 万舞（卍舞）第一舞姿：北极天帝顶天立地

万舞第一舞姿是"北极天帝顶天立地"，舞者佩戴北极天帝面具，模仿北极天帝"帝俊"的第一造型：双手曲肘上举，两腿屈膝下蹲。

上古万舞的第一舞姿，大量见于华夏全境的上古器物和史前岩画——

甘肃天水大地湾彩陶　　　甘肃临洮彩陶　　　陕西铜川前郑彩陶

辽宁牛河梁玉雕　　安徽凌家滩玉雕　　台湾排湾族木雕　　台湾鲁凯族木雕

宁夏岩画　　　山西吉县岩画　　　内蒙古阴山岩画

浙江良渚玉梳背

福建华安仙字潭岩画

云南岩画

广西左江花山岩画

▲上古万舞第一舞姿：北极天帝顶天立地

中古万舞的第一舞姿，大量见于夏商周的青铜器、玉器和其他器物——

河南安阳殷墟出土

河南安阳殷墟出土

安徽阜南出土商代龙虎尊

三星堆出土商代龙虎尊　　　　　　三星堆出土商代铜器座

山西侯马出土万舞陶范　　　　　　震旦博物馆藏万舞玉人

江苏淮阴高庄战国墓出土铜器

四川崇庆出土东汉画像砖　　　　湖北秭归台子湾出土汉魏扶桑树

▲中古万舞第一舞姿：北极天帝顶天立地

如何证明这些上古图像和中古图像，不是普通的舞蹈图像，而是万舞的第一舞姿？

上古硬证是：西藏史前岩画把这一舞姿与万字符画在一起，证明这是上古万舞的第一舞姿，"万舞"正是"万字符之舞"——

▲西藏史前岩画：万字符＋万舞第一舞姿

中古硬证是：这一舞姿大量见于夏商周万舞的专用乐器、专用道具，证明这是夏商周万舞的第一舞姿——

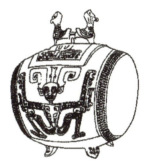

商代万舞专用庸鼓（日本泉屋博古馆藏）

西周万舞专用铜戚（湖北荆门出土，柄部刻有西周万舞的专名"大武"）

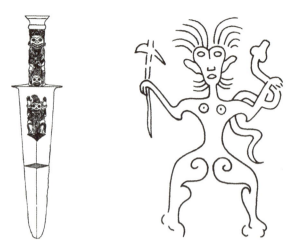

战国万舞专用铜剑（左：云南江川李家山战国墓。右：台湾古越阁藏）

战国万舞专用编钟、专用均钟（湖北随州曾侯乙墓）

战国万舞专用铜铎（湖北荆门子陵岗东周墓）

战国万舞专用靴形铜钺（湖南出土）

▲中古万舞专用乐器、专用道具的万舞第一舞姿：北极天帝顶天立地

二　万舞（卍舞）第二舞姿：北极天帝降龙伏虎

万舞第二舞姿是"北极天帝降龙伏虎"，舞者佩戴北极天帝面具，模仿北极天帝"帝俊"的第二造型：双手曲肘下按，双腿屈膝下蹲。

上古万舞的第二舞姿，大量见于华夏全境的上古器物和史前岩画——

良渚神徽：天帝骑猪巡天图

福建华安仙字潭岩画

红山文化北极天帝"帝俊"

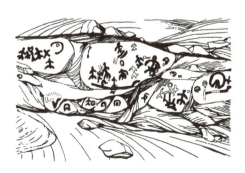

蒙古特斯河左岸岩画

黑龙江上游岩画

甘肃武威出土　　　青海同德宗日出土　　　青海上孙家寨出土　　　马家窑出土

▲上古万舞第二舞姿：北极天帝降龙伏虎

中古万舞的第二舞姿，大量见于夏商周的青铜器、玉器和汉代画像砖——

天帝降龙（商周万舞玉人）

天帝降龙（殷墟妇好墓万舞玉雕）　　　　天帝降龙（左：西周万舞铜雕。
右：山西曲沃西周晋侯墓万舞玉雕）

天帝降龙（江苏淮阴高庄战国墓）

天帝伏虎（洛阳西郊战国墓玉雕）

天帝伏虎（洛阳小屯战国墓玉雕）

天帝降龙（河南唐河、郑州汉墓画像砖）

天帝降龙（山东金乡汉墓画像砖）

天帝伏虎（山东金乡汉墓画像砖）

▲中古万舞第二舞姿：北极天帝降龙伏虎

三　万舞（卍舞）第三舞姿：北斗猪神踏罡步斗

万舞第三舞姿是"北斗猪神踏罡步斗"，舞者佩戴北斗猪神面具，手姿、腿姿模仿作为"四季北斗绕极符"的万字符造型：一手曲肘上折，一手曲肘下折。一腿弯膝上踢，一腿屈膝下折。

上古万舞的第三舞姿，大量见于华夏全境的史前岩画——

福建华安仙字潭岩画　　　　甘肃嘉峪关黑山岩画　　　　西藏岩画

新疆呼图壁康家石门子岩画　　　　云南沧源岩画

▲上古万舞第三舞姿：北斗猪神踏罡步斗

中古万舞的第三舞姿，大量见于商周的万舞金文、战国的万舞玉人和汉代的万舞画像砖——

商周万舞金文：手姿模仿万字符折折线

战国万舞玉人：手姿模仿万字符折线

汉代万舞专用铜鼓：手姿模仿万字符折线（广西贵县罗泊湾汉墓）

北斗猪神踏罡步斗：腿姿模仿万字符折线（邙山汉墓画像砖）

北斗猪神踏罡步斗：腿姿模仿万字符折线（邙山汉墓、卜千秋墓画像砖）

北斗猪神踏罡步斗：腿姿模仿万字符折线（河南南阳东汉墓画像砖）

▲中古万舞第三舞姿：北斗猪神踏罡步斗

四 上古万舞（卍舞）和中古万舞（卍舞）全景

另有一些上古图像和中古图像，表现领舞者、伴舞者互动旋转的万舞全景。

广西左江的史前岩画，领舞者足踩象征苍龙七宿的"青龙"，是"天帝降龙"的上古万舞全景——

▲广西左江史前岩画：天帝降龙的万舞全景

新疆呼图壁康家石门子的史前岩画，画有象征白虎七宿的雌雄"白虎"，是"天帝伏虎"的上古万舞全景——

▲新疆呼图壁康家石门子史前岩画：天帝伏虎的万舞全景

河南淅川和尚岭春秋楚墓出土的一对青铜壶，中间的领舞者扮演北极天帝，两侧的伴舞者扮演青龙、白虎等天文神兽，是"天帝降龙伏虎"的中古万舞全景——

▲河南淅川和尚岭春秋楚墓万舞青铜壶：天帝降龙伏虎的万舞全景

　　曾侯乙墓的漆棺画，是"北斗猪神踏罡步斗"的中古万舞全景——

曾侯乙漆棺东侧面：雌雄北斗猪神各领四季神兽＋四季鸟神

曾侯乙漆棺西侧面：雌雄北斗猪神各领四季神兽

▲曾侯乙漆棺画的万舞全景：二十四节气神

漆棺东侧面是雌雄北斗猪神各领四季神兽，漆棺西侧面是雌雄北斗猪神各领四季神兽，合计二十神。漆棺东侧面的北斗猪神上面，另有四季鸟神，合为二十四节气神。

四季鸟神又分为两组：左二是春夏鸟神，即雌雄"凤鸟"；右二是秋冬鸟神，即雌雄"天翟"。合于《吕氏春秋·古乐》记载的帝喾万舞《九招》——

> 帝喾命咸黑作为声歌，《九招》、《六列》、《六英》。有倕作为鼙鼓、钟磬、笒管、埙篪。帝喾乃令人抃鼓鼙，击钟磬，吹笒管埙篪。因令凤鸟、天翟舞之。帝喾大喜，乃以康帝德。

五　万舞是中国舞蹈音乐诗歌戏曲武术百戏杂技的总根

华夏祭天乐舞"万舞"的三大舞姿，领舞者先后扮演华夏至高神"北极天帝"和华夏次高神"北斗猪神"，因其头戴面具，上有峨冠，足踩高跷，显得高大壮硕，所以《诗经》称为"硕人"。伴舞者分别扮演华夏众神"二十八宿"星官，围绕领舞者顺时针、逆时针旋转。

仅有扮演"北极天帝"的领舞者近于人形，其他扮演"北斗猪神"、"青龙"、"白虎"、"凤鸟"、"天翟"的舞者均为鸟兽之形。所以中古文献描写万舞，常言"百兽率舞"（《尚书》），"致舞百兽"（《吕氏春秋》）。

西周万舞的舞者人数，每排八人，固定不变；排数多寡，各不相同。天子万舞的舞者人数是八八六十四人，称为"八佾"。诸侯万舞的舞者人数，根据爵位递减：公爵"六佾"，六八四十八人；侯爵"四佾"，四八三十二人；士大夫"二佾"，二八十六人。春秋末年周室衰弱，导致礼崩乐坏，鲁国执政大夫季孙氏突破礼制规定的"二佾"，僭用天子规格的"八佾"，遭到孔子怒斥："八佾舞于庭，是可忍，孰不可忍！"

万舞三舞姿，决定了为万舞伴奏的雅乐必须是三叠曲，为万舞伴唱的歌词必须是三叠诗。秦汉以后，万舞的三舞姿、雅乐的三叠曲失传，仅剩歌词的三叠诗，即《诗经》。

一旦解密上古至中古的华夏祭天乐舞"万舞"是"万字符之舞"，进而解密万舞的三大舞姿，就能透彻理解中国舞蹈、中国音乐、中国诗歌、中国戏曲、中国武术、中国百戏、中国杂技，因为万舞是其总根。

六　万舞是华夏祭天乐舞通名，每一时代各有专名

"万舞"是上古至中古华夏祭天乐舞的通名，每一时代各有专名。根据文献记载，伏羲时代的万舞专名是"扶来"，神农时代的万舞专名是"扶持"，黄帝时代的万舞专名是"咸池"，颛顼时代的万舞专名是"承云"，帝喾时代的万舞专名是"九招"，唐尧时代的万舞专名是"大章"，虞舜时代的万舞专名是"九韶"，夏代的万舞专名是"大夏"，商代的万舞专名是"大濩"，周代的万舞专名是"大武"。

孔子最为推崇虞舜时代的万舞《九韶》，曾经一唱三叹，反复言之——

> 颜渊问为邦。子曰："行夏之时，乘殷之辂，服周之冕，乐则《韶舞》。"（《论语·卫灵公》）
>
> 子在齐，闻《韶》，三月不知肉味，曰："不图为乐之至于斯也。"（《论语·述而》）
>
> 子谓《韶》："尽美矣，又尽善也。"谓《武》："尽美矣，未尽善也。"（《论语·八佾》）

秦汉以后的中国人尽管熟知孔子沉迷万舞而"三月不知肉味"，但是无缘一睹孔子赞为"尽善尽美"的虞舜万舞《九韶》，也无缘一睹孔子视为"尽美而未尽善"的西周万舞《大武》。凭借现代考古的伟力，今人可以尽睹虞舜万舞《九韶》和西周万舞《大武》，饱览上古至中古的华夏万舞全貌，

并为华夏文化的源远流长"手之舞之，足之蹈之"。

华夏万舞也随着华夏万字符传遍了全球，成为遍布全球的萨满舞。由于全球萨满舞无不源于华夏万舞，所以也有三大舞姿。且听下回分解。

第十一章

全球萨满舞解密：
华夏万舞及其三大舞姿传遍全球

新石器时代晚期，植根于华夏万字符的华夏祭天乐舞"万舞"（详见第十章），随着华夏万字符传遍全球，演化为遍布全球的萨满舞。华夏万舞的三大舞姿，于是成为全球萨满舞的三大舞姿。

一　萨满舞第一舞姿源于万舞第一舞姿：顶天立地

全球萨满舞的第一舞姿，源于华夏万舞的第一舞姿"北极天帝顶天立地"，模仿华夏天帝的第一造型：双手曲肘上举，两腿屈膝下蹲。

华夏万舞第一舞姿——

▲华夏万舞第一舞姿：顶天立地

美洲萨满舞第一舞姿——

美国怀俄明州

美国加州

墨西哥

巴西

秘鲁

哥斯达黎加

托利玛人

纳瓦霍人

印第安地母神

拉托利姆人

孔泰人

科克利人

印加主神查文

▲美洲萨满舞第一舞姿：顶天立地

亚洲萨满舞第一舞姿——

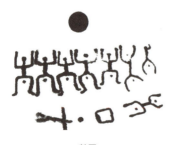
韩国

哈萨克斯坦

沙特阿拉伯

印度

印度尼西亚

两河流域利凡特

小亚细亚安纳托利亚

▲亚洲萨满舞第一舞姿

欧洲萨满舞第一舞姿——

意大利

瑞士

德国

俄国

▲欧洲萨满舞第一舞姿

非洲、澳洲萨满舞第一舞姿——

阿尔及利亚

澳大利亚

美拉尼西亚

瓦图阿兹

新几内亚

▲非洲、澳洲萨满舞第一舞姿

全球萨满舞的第一舞姿，常与各种天象符号同框，证明全球萨满舞与华夏万舞一样，也是祭天乐舞。

萨满舞者手持象征日月的圆形手鼓，源于华夏万舞的羲和举日、常羲举月；头戴羽冠，源于华夏万舞的文舞；手持干戚，源于华夏万舞的武舞。

二　萨满舞第二舞姿源于万舞第二舞姿：降龙伏虎

全球萨满舞的第二舞姿，源于华夏万舞的第二舞姿"北极天帝降龙伏虎"，模仿华夏天帝的第二造型：双手曲肘下按，双腿屈膝下蹲。

华夏万舞第二舞姿——

▲华夏万舞第二舞姿：降龙伏虎

全球萨满舞第二舞姿——

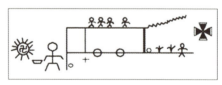

北美霍比人

南美泰罗纳人　　　　日本　　　　印尼　　　　印尼

▲全球萨满舞第二舞姿：降龙伏虎

印第安霍比人的萨满舞岩画，从左至右演绎了霍比人的创世神话。

首先是万字符与太阳的复合符号，象征宇宙诞生。

其次是扮演天帝的领舞者，《诗经》称为"硕人"。

再次是对应四季北斗、围绕天帝旋转的四个伴舞者。下面是有两个车轮的北斗之车，类似于《史记·历书》所言"斗为帝车，运于中央，临制四乡。分阴阳，建四时，均五行，移节度，定诸纪，皆系于斗"。

随后是两棵禾苗和一个小人，象征太阳滋生万物，养育人类。

最后是霍比人、玛雅人、奥尔梅克人都有的亞形宇宙图。印第安人的亞形宇宙图，源头也是上古华夏的亞形宇宙图。

霍比人的萨满舞岩画，始于万字符，终于宇宙图，证明霍比人的萨满舞与华夏万舞一样，也是万字符之舞。

日本萨满舞岩画左下角的符号，酷似上古伏羲族和商代甲骨文的"帝"字（详见第七章），证明日本萨满舞与华夏万舞一样，也是祭祀天帝的乐舞。

印尼的萨满舞岩画，夸张男子性器，类似于华夏万舞的性舞仪式；性器的延长部分作旋转形，象征天象的四季循环。

三　萨满舞第三舞姿源于万舞第三舞姿：踏罡步斗

全球萨满舞的第三舞姿，源于华夏万舞的第三舞姿"北斗猪神踏罡步斗"，模仿万字符的折线：双手曲臂一上一下，双腿屈膝一上一下。

华夏万舞第三舞姿——

▲华夏万舞第三舞姿：踏罡步斗

玛雅人的北斗神

易洛魁人的太阳神

美国加州印第安人

奥尔梅克人

智利印第安人

越南东山万舞专用铜鼓

印度皮摩波特卡

印度尼西亚

叙利亚暴风雨之神

俄国贝加尔湖

美国夏威夷

意大利伊特鲁里亚人　　　　　希腊酒神舞　　　　　斯堪的纳维亚

▲全球萨满舞第三舞姿：踏罡步斗

或许有人认为，全球萨满舞的第一舞姿、第二舞姿酷似华夏万舞的第一舞姿、第二舞姿，可能是巧合，因为两大舞姿非常普通，是所有舞蹈都可能有的舞姿。但是玛雅人的北斗神，易洛魁人的太阳神，叙利亚的暴风雨之神，希腊的酒神，以及扮演各种天神的全球萨满舞舞者，都用手姿、腿姿模仿万字符的折线，不可能是巧合，因为这一舞姿非常特殊，用于神像太不"庄重"，缺乏神像应有的"宝相庄严"，除非具有特殊理由：源于华夏万舞，模仿万字符的折线。

全球萨满舞都有源于华夏万舞的三大舞姿，充分证明全球萨满舞无不源于华夏万舞。

最为有趣的是，位于南半球的南美印第安人，尽管看不到北半球夜空的北极帝星和北斗七星，仍然全盘照搬华夏万舞的三大舞姿，第三舞姿仍然模仿作为"四季北斗绕极符"的万字符折线。

四　全球萨满舞均为源于华夏万舞的万字符之舞

全球范围的萨满舞图像，常与万字符同框，证明全球萨满舞都是源于华夏万舞的万字符之舞。

美洲萨满舞图像与万字符同框之例——

美洲萨满舞的万字符拨浪鼓，证明美洲萨满舞是源于华夏万舞的万字符之舞。拨浪鼓也是华夏万舞的伴奏乐器，古人称为"鼗鼓"，见于《诗

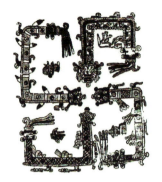

印第安万字符鼗鼓　　　　　印第安万字符盾牌　　　　　玛雅龙舞模仿万字符造型

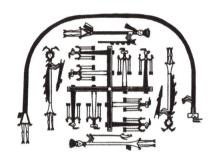

纳瓦霍人萨满舞模仿万字符造型

▲美洲萨满舞与万字符同框

经·商颂·那》："鼗鼓渊渊，嘒嘒管声。……庸鼓有斁，万舞有奕。"

　　美洲萨满舞的万字符盾牌，上部是太阳升起于球形地平线，中部是太阳神头戴象征太阳光芒的羽冠，下部是万字符旋转于地球腰部的太阳黄道带，证明美洲万字符是源于华夏万字符的天文符号。

　　美洲萨满舞的舞者造型模仿太阳神，类似于华夏万舞的舞者造型模仿天帝。舞者一手持刀，一手持盾，类似于华夏万舞的舞者手持"干戚"。

　　玛雅龙舞模仿万字符的造型，证明玛雅萨满舞是源于华夏万舞的万字符之舞。玛雅龙舞与中国龙舞一样，源于华夏万舞的"天帝降龙"。

　　纳瓦霍人的萨满舞，又与玛雅龙舞一样，也模仿万字符的造型。

　　欧洲萨满舞图像与万字符同框之例——

　　祭祀农神的希腊丰收舞，祭祀宙斯的希腊双鹰舞，都与万字符同框，证明古希腊的萨满舞是源于华夏万舞的万字符之舞。

希腊农神舞与万字符同框

希腊宙斯舞与万字符同框

伊特鲁里亚萨满舞与万字符同框

凯尔特萨满舞模仿万字符造型

▲欧洲萨满舞与万字符同框

　　意大利的伊特鲁里亚人彩陶罐，画有十多个万字符，舞者的手姿模仿万字符的造型，证明伊特鲁里亚人的萨满舞是源于华夏万舞的万字符之舞。

　　苏格兰的凯尔特人萨满舞，模仿万字符的造型，证明凯尔特人的萨满舞是源于华夏万舞的万字符之舞。

五　全球"萨满舞"之名，无不源于华夏"万舞"

　　全球萨满舞源于华夏万舞的最强硬证是：全球"萨满舞"的名称，也是源于华夏"万舞"。

　　上古南蛮族读"万字"为"蛮记"，读"万舞"为"蛮舞"，今日粤语仍同。上古黄帝族接受了南方族群的万字符和万字符之舞，也读"万字"为"蛮（满）记"，也读"万舞"为"蛮（满）舞"。又称南方族群为"南蛮（万）族"，意为：发明万字符、万字符之舞的南方族群。

　　上古黄帝族又为"满舞（万舞）"加一前缀"萨"，可能源于"天罡地煞"

之"煞"，定名"萨满舞"。萨满舞的领舞者，即萨满教祭司，亦名"萨满"（saman）。

上古黄帝族在新石器时代晚期沿着蒙古大草原的东西方向游牧、迁徙、扩张，"满记"（万字）、"萨满舞"（万舞）、"萨满教"（万教）随之东传美洲、西传亚欧，所以日本人也读"万字"为"曼记"（manji），美洲印第安人也称"万舞"为shamman舞，亚欧民族也称"万舞"为sama舞，全世界的原始宗教均称saman教，祭司均称saman。

华夏万字符和华夏万舞传遍全球，堪称新石器时代晚期华夏文化外传的最大事件，但不是唯一事例。其他事例还有很多，比如华夏玉器文化东传美洲，形成了东亚和美洲的环太平洋玉文化带，再如华夏二十八宿西传亚非，形成了印度、巴比伦、埃及的二十八宿。上古华夏文化抵达的高度，外传的力度，影响的广度，远远超出了后人的想象。

凭借现代考古的伟力，上古华夏文化和上古全球文化的起源史、传播史、交流史、影响史，必将逐渐趋于明朗。

华夏神谱的至高神"北极天帝"和次高神"北斗猪神"，华夏原始宗教"万教"，华夏天文符号"万字符"，华夏祭天乐舞"万舞"，无不源于天象。华夏神谱的其他众神，也都源于天象。比如最为著名的中国龙，源于苍龙七宿。且听下回分解。

第十二章

中国龙的终极源头：苍龙七宿

　　龙是中国文化的第一标志，但是几千年来的中国人，为龙追加了无数的象征意义和附加意义，于是龙的起源成为中国文化的一大未解之谜。

　　凭借现代考古的伟力，现在可以很有把握地说：中国龙是起源于苍龙七宿的天文神兽。龙的天文初义，是一切象征意义和附加意义的基础。

一　中国龙的特殊地位，源于苍龙七宿的特殊位置

　　中国天文学把全部天空分为五大天区，即中央天区加四方天区。又称中央天宫和四方天宫，合称"五宫"。

　　地球自转轴北端的延长线，指向中央天区的中心"北极帝星"（图见第一章），即"中宫天极星"（《史记·天官书》），其神"北极天帝"，即华夏神谱的至高神"北极帝君"、"紫微大帝"。

　　中央天区围绕"北极帝星"旋转的"北斗七星"，是"中宫拱极星"（《史记·天官书》），其神"北斗猪神"，即华夏神谱的次高神"北斗星君"、"天蓬元帅"。

　　随着地球的公转，北斗斗柄每天顺时针旋转1°，因而具有指时功能："斗柄东指，天下皆春；斗柄南指，天下皆夏；斗柄西指，天下皆秋；斗柄北指，天下皆冬。"（《鹖冠子·环流》）钟表的时针，正是仿效北斗斗柄。

北斗斗柄除了具有指时功能，又指向苍龙七宿的第一宿"角宿"。亦即《史记·天官书》所言："北斗七星，杓携龙角。"

"北斗猪神"之所以成为仅次于"北极天帝"的"天蓬元帅"，正是因为北斗七星除了自身围绕"北极帝星"旋转，又以"杓携龙角"为标志，携带二十八宿和全部天象，围绕"北极帝星"旋转。

由于北斗斗柄指向苍龙七宿的第一宿"角宿"，所以"角宿"成了二十八宿的第一宿，苍龙七宿成了四方天宫的第一宫。

二　中国龙源于苍龙七宿的最早硬证：距今六千五百年

中国龙源于苍龙七宿的最早硬证，见于距今六千五百年的河南濮阳西水坡仰韶文化墓地——

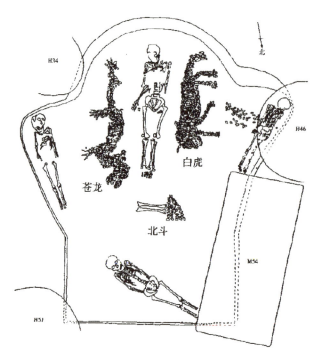

▲苍龙七宿的静态表达：河南濮阳西水坡 M45 的北斗龙虎图（前 4500）

西水坡墓地的蚌塑，把标示苍龙七宿的龙形，标示白虎七宿的虎形，标示北斗七星的斗形，置于同框，是东宫七宿被拟形为龙的最早硬证。北斗斗柄指向龙角，完全符合《史记·天官书》所言"北斗七星，杓携龙角"。

三　伏羲族苍龙七宿的两种表达：静态表达和动态表达

上古伏羲族的仰韶文化，对于苍龙七宿有静态、动态两种表达方式：

河南濮阳西水坡的蚌塑龙，对应苍龙七宿的连线，是苍龙七宿的静态表达。

伏羲族的衔尾龙，对应苍龙七宿的旋转，是苍龙七宿的动态表达——

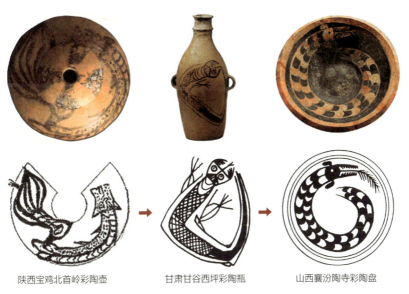

陕西宝鸡北首岭彩陶壶　　　　甘肃甘谷西坪彩陶瓶　　　　山西襄汾陶寺彩陶盘

▲苍龙七宿的动态表达：上古伏羲族的衔尾龙

上古伏羲族的二十八宿体系，以及作为苍龙七宿动态表达的"衔尾龙"，传遍华夏全境，于是大汶口东夷族、红山黄帝族、良渚南蛮族，全都制作了衔尾龙。中古夏商周也继承上古传统，全都制作了衔尾龙——

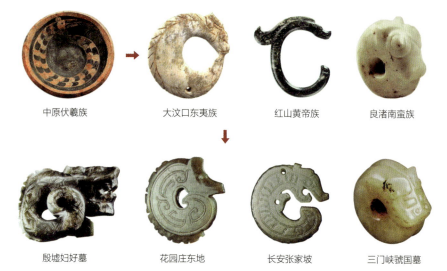

中原伏羲族　　　　大汶口东夷族　　　　红山黄帝族　　　　良渚南蛮族

殷墟妇好墓　　　　花园庄东地　　　　长安张家坡　　　　三门峡虢国墓

▲苍龙七宿的动态表达：上古至中古的衔尾龙

四　甲骨文、金文"龙"字，严格符合苍龙七宿连线

中古夏商周对苍龙七宿的动态表达，全盘继承了上古华夏的"衔尾龙"，基本未予改动。因为"衔尾龙"是标示苍龙七宿循环旋转的完美表达方式，除了局部细节的精美化，总体造型没有改进的余地。

但是中古夏商周对苍龙七宿的静态表达，并未全盘继承上古华夏的图像传统和雕塑传统，而是做了重大改进。改进的原因，是文字的出现。

上古华夏没有线性的文字，所以龙的静态表达，无论是二维的平面龙，还是三维的立体龙，都是先按照苍龙七宿的连线进行拟形，再发挥想象，做成尽可能活灵活现的平面神兽或立体神兽，所以上古华夏的神龙造型，并不严格符合苍龙七宿的连线。

中古夏商周出现了线性的文字，所以龙的静态表达，首先不是二维的图像或三维的雕塑，而是按照苍龙七宿的连线，造出便于书写的线性"龍"字。

冯时先生的《中国天文考古学》已经证明：甲骨文、金文的一切"龍"字，全都严格符合苍龙七宿的连线——

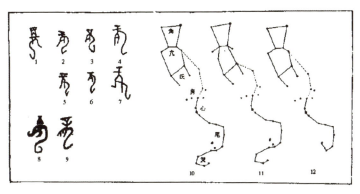

甲骨文、金文的卷尾"龍"（1—9）＝苍龙七宿的卷尾连线（10—12）

西周青铜卷尾龙（陕西扶风海家村）

▲甲骨文金文的卷尾"龍"、夏商周的卷尾龙＝苍龙七宿连线

由此可见，甲骨文、金文的一切"龍"字，都是苍龙七宿之二维分布的简笔画。具有鲜明的共同特征："龍"字的卷尾，严格符合尾宿、箕宿的连线。

根据苍龙七宿的连线造出"龍"字以后，夏商周的平面龙、立体龙，又都照抄"龍"字：龙形的卷尾，也都严格符合尾宿、箕宿的连线。

五　夏商周卷尾龙造型，严格符合苍龙七宿连线

夏商周的大量平面龙和大量立体龙，都是严格符合苍龙七宿连线的卷尾龙。考古发现的最早一例，是夏代晚期河南偃师二里头遗址的绿松石卷

尾龙。商周两代，则有无数的卷尾铜龙和卷尾玉龙——

夏代二里头　商代龙纹觥　商代妇好觥　　商代虎食人卣　　西周夔形觥

商代铜戈　　商代铜刀　　商代车饰　　西周车饰　　西周铜龙

商代卷尾玉龙（左：商代安阳孝民屯。右：山东滕州前掌大）

▲苍龙七宿的静态表达：夏商周的卷尾龙

综上所言，考古发现的上古华夏和中古夏商周的一切神龙造型，全都属于苍龙七宿的动态表达或静态表达。

上古华夏至中古夏商周的苍龙七宿动态表达，都是首尾互衔的衔尾龙，延续几千年不变。

上古华夏的苍龙七宿静态表达，是根据苍龙七宿的连线而拟形的天文神兽，当时尚无文字，为了形象逼真，添加了一些想象性细节，并不严格符合苍龙七宿的连线。

中古夏商周的苍龙七宿静态表达，由于出现了文字，为了便于书写，不再添加想象性细节，所以甲骨文、金文的"龙"字是苍龙七宿之二维分布的简笔画，严格符合苍龙七宿的连线。夏商周的平面龙、立体龙也受到"龙"字的影响，严格符合苍龙七宿的连线。

六　古人已知中国龙起源于苍龙七宿

中国龙起源于苍龙七宿，并非现代考古的新发现，而是古代固有的天文知识。

首先，古人早已知道，中国的四方神兽，源于二十八宿的四宫连线：

> 四方皆有七宿，可成一形。东方成龙形，西方成虎形，皆南首而北尾；南方成鸟形，北方成龟形，皆西首而东尾。(《尚书·尧典》孔颖达疏)

其次，古人早已知道，苍龙七宿的宿名，严格符合龙体的各个部位：

> 东方七宿，角、亢、氐、房、心、尾、箕，共为苍龙之体。南首北尾，角即龙角，尾即龙尾。(《左传·昭公二十九年》孔颖达疏)

苍龙七宿的角宿、心宿、尾宿等所有宿名，分别对应龙体的角部、心部、尾部等所有部位。这是中国龙起源于苍龙七宿的又一系统硬证。

七　为何后人不知或不信中国龙起源于苍龙七宿

既然古人早已知道中国龙起源于苍龙七宿，为什么后人很少知道？或者知道了也不相信？

首先，汉字的字体演变，导致"龙"字不再严格符合苍龙七宿的连线。

尽管甲骨文、金文的"龙"字严格符合苍龙七宿的连线，但是商代甲骨文和刻有金文的商周青铜器，都是最近百年的考古发现，在此之前的司马迁、许慎、段玉裁等人，全都没有见过。随着大篆、小篆、隶书、楷书、行书、草书、简体等等字体的演变，秦汉以后的"龙"字，逐渐远离了甲骨文、金文的"龙"字，不再严格符合苍龙七宿的连线。所以两千年来，中国龙起源于苍龙七宿的第一硬证无人知晓。

其次，中古夏商周把天上的神龙，视为天子的象征物。

中国天子的至高权威，导致大部分人无条件接受官方说教，相信龙是天子的象征物。因为关于天子的一切，都不可追问。臣民只许知道龙是天子的象征物，不许追问为什么龙被定为天子的象征物。即使有人追问，也没人告诉你：龙之所以成为天子的象征物，是因为苍龙七宿是领衔二十八宿四宫的第一宫。所以龙的象征新义，遮蔽了龙的天文初义。

最后，不知神龙源于天象的人们，热衷于为天上神龙寻找对应的人间凡兽，遮蔽了龙的天文起源。

中国的四大神兽，源于二十八宿四方天象的连线，其中的朱雀、白虎、玄武（龟蛇合形）都能找到对应的人间凡兽，只有青龙找不到对应的人间凡兽。但是龙在中国文化中的独一无二地位，导致很多人热衷于让天上神龙落地生根，于是做出了种种猜测，比如龙起源于蟒，起源于蛇，起源于鲵鱼（娃娃鱼），起源于鳄鱼，等等。这些猜测尽管缺乏说服力，但比"龙起源于苍龙七宿"更有迷惑性。

以上多种原因的合力，导致大多数人只相信龙的象征新义和附加新义，不相信龙的天文初义。即使有人知道古代文献记载了中国龙的天文起源，也视为个别古人的一家之言或主观臆测。于是"龙象征天子","龙是虚构的神话动物","龙是各种动物的合体"之类传统说法,"龙起源于蟒、起源于蛇、起源于鲵、起源于鳄"之类现代猜测,成了人云亦云、将信将疑的"大众常识"。

现代考古的伟力,并非发现中国龙起源于苍龙七宿(因为古人已知),而是通过发现甲骨文、金文的"龙"字严格符合苍龙七宿的连线,通过发现上古至中古的一切中国龙都是苍龙七宿的静态表达和动态表达,彻底证实了中国龙起源于苍龙七宿。

中国文化的四大神兽:青龙、白虎、朱雀、玄武,无不源于天象。另一著名神兽麒麟,同样源于天象。且听下回分解。

第十三章

麒麟的终极源头：北方七宿

上古伏羲族的仰韶文化，把每一方向的星象分为七组，即七宿，四方天区合为二十八宿；又把四方七宿的连线，拟形为四大天文神兽：东方七宿的连线，拟形为青龙（详见第十二章）。南方七宿的连线，拟形为朱雀。西方七宿的连线，拟形为白虎。北方七宿的连线，拟形为麒麟。

中古夏商周调整了北方七宿的连线方式，拟形为玄武，并把麒麟移至中宫，形成了东西南北中的五大天文神兽，合称"天宫五兽"，又称"五灵"。

一　上古伏羲族以麒麟为北方天宫的天文神兽

仰韶文化的上古伏羲族，根据北方七宿的连线，拟形为北宫神兽"麒麟"，见于两大考古硬证。

第一考古硬证，见于陕西临潼姜寨仰韶文化遗址出土的四麒麟盆，距今六千五百年——

姜寨四麒麟盆的口沿部纹样，都是天文历法符号。

四正方位的四组阳爻符，标示"二分二至"：正东"春分"，正南"夏至"，正西"秋分"，正北"冬至"。每组阳爻符，均有三阳爻（乾卦），标示每季三月，合为一年十二月。

四维方位的四个圭影符，标示"二启二闭"：东北"立春"，东南"立

北方七宿之危宿三星 + 坟墓四星的连线（冯时）

公元前 4500 年：姜寨四麒麟盆

▲北方七宿连线→天文神兽麒麟

夏"，西南"立秋"，西北"立冬"。每个圭影符，中间一竖标示表木，左右斜线标示上午圭影、下午圭影。

姜寨四麒麟盆的主体纹样，是逆时针旋转的四季麒麟，标示四季天象的旋转。麒麟的形状，源于北方七宿之危宿三星、坟墓四星的连线。

第二考古硬证，见于河南濮阳西水坡仰韶文化遗址45号墓的蚌塑麒麟图，同样距今六千五百年——

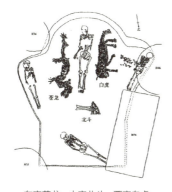

东宫苍龙，中宫北斗，西宫白虎

北宫麒麟

▲公元前 4500 年：河南濮阳西水坡 M45

西水坡45号墓有蚌塑的龙虎北斗图，证明青龙、白虎起源于东方苍龙七宿和西方白虎七宿的连线。西水坡45号墓另有蚌塑的麒麟，与姜寨四麒麟盆的麒麟同形，同样源于北方七宿之危宿三星、坟墓四星的连线。

张光直先生认为，西水坡仅有东苍龙、西白虎、北麒麟，省略南朱雀，是因为中国道教以龙、虎、鹿（麒麟）为升天"三蹻"，隐喻墓主升天。

以上两大考古硬证说明：至迟在距今六千五百年的仰韶中期，上古伏羲族已经根据北方七宿的连线，创造了北宫神兽"麒麟"。

二　中古夏商周另创北宫玄武，麒麟从北宫移至中宫

中古夏商周继承了上古伏羲族的二十八宿体系，沿用东宫神兽青龙、南宫神兽朱雀、西宫神兽白虎，但是调整了北方七宿的连线方式，把北宫神兽重新拟形为"玄武"——

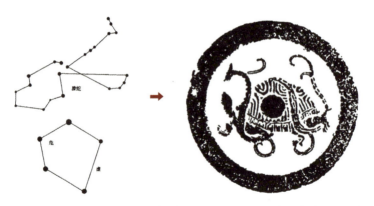

▲冯时：北方七宿之危＋虚（龟）、螣蛇的连线→北宫玄武（龟＋蛇）

中古夏商周并未放弃"麒麟"，而是从北宫移至中宫，形成了"天宫五兽"。冯时先生认为："由于北宫为玄武所代，才以麒麟转配中央。"麒麟属于中宫的证据很多，比如东汉蔡邕《月令章句》："天宫五兽，中（宫）有大角、轩辕、麒麟之信。"又如汉代《礼纬稽命征》："龙，东方也；虎，西方也；凤，南方也；龟，北方也；麟，中央也。"

夏商周以"天宫五兽"象征五宫天象：青龙象征东宫七宿，白虎象征西宫七宿，朱雀象征南宫七宿，玄武象征北宫七宿，都是四方七宿连线的拟形。但是麒麟象征中宫北斗七星，却非北斗七星连线的拟形，而是借用了北方七宿连线的上古拟形。这一借用，正是上古华夏的中宫北斗猪神沉入历史忘川的直接原因。

由于夏商周以麒麟象征中宫北斗七星，所以汉代《春秋运斗枢》说："机星（北斗）得其所，则麒麟生。"

夏商周的"天宫五兽"，又称"五灵"，比如《左传》杜序说："麟凤五灵，王者之嘉瑞也。"东汉蔡邕撰有《五灵颂》，中宫正是《麒麟颂》。

"五灵"中的虎，易被视为凡兽，所以常被剔除，变成"四灵"。比如《礼记·礼运》说："麟凤龟龙，谓之四灵。"麒麟之所以超越龙凤，列于"四灵"之首，正是因为居于中宫。

三　中古以后关于北宫麒麟的图像证据

尽管夏商周用北宫"玄武"替代了北宫"麒麟"，又把"麒麟"从北宫移至中宫，但是仰韶中期产生的北宫"麒麟"，夏代以前已经存在了两千五百年，所以夏商周以后北宫"麒麟"仍有大量残迹。

其一，西周虢国墓四方神兽青铜镜的北麒麟——

▲西周虢国墓四方神兽青铜镜：东苍龙，西白虎，南朱雀，北麒麟

河南三门峡上村岭西周虢国墓出土的四方神兽青铜镜，刻有东苍龙，西白虎，南朱雀，北麒麟。没有北玄武。

其二，春秋楚墓万舞青铜壶的北麒麟——

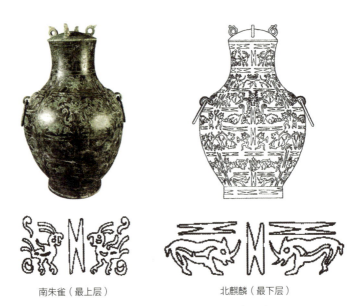

南朱雀（最上层）　　　　北麒麟（最下层）

▲河南淅川和尚岭春秋楚墓万舞青铜壶

河南淅川和尚岭春秋楚墓出土的万舞青铜壶，纹样共分七层，最上层是南朱雀，最下层是北麒麟。中间五层是青龙、白虎和其他神兽。也没有北玄武。

其三，战国曾侯乙墓二十八宿漆箱的北麒麟——

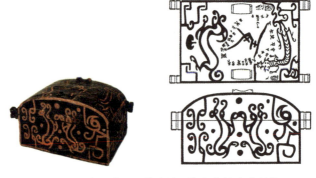

▲湖北随州战国曾侯乙墓漆箱：箱体北侧的北麒麟

湖北随州战国曾侯乙墓漆箱的箱盖，中心是北斗的"斗"字，"斗"字外围是目前所知最早的二十八宿完整宿名，左右是东苍龙、西白虎。箱体北侧不是北玄武，而是一对北麒麟：雄为麒，有角；雌为麟，无角。

　　曾侯乙墓与西水坡45号墓一样，仅有东苍龙、西白虎、北麒麟，省略南朱雀，也是以龙、虎、鹿（麒麟）为升天"三蹻"，隐喻墓主升天。

　　其四，西汉洛阳卜千秋墓四方神兽墓顶画的北麒麟——

左：南宫朱雀。右：西宫白虎

左：东宫青龙。右：北宫麒麟

▲西汉洛阳卜千秋墓：东苍龙，西白虎，南朱雀，北麒麟

西汉洛阳卜千秋墓的四方神兽墓顶画，有东苍龙，西白虎，南朱雀，北麒麟。也没有北玄武。

其五，新疆尼雅东汉"五星出东方利中国"四方神兽织锦护膊的北麒麟——

▲新疆尼雅东汉织锦护膊：东苍龙，西白虎，南朱雀，北麒麟

新疆民丰尼雅遗址出土的东汉"五星出东方利中国"四方神兽织锦护膊：左面是西宫白虎，右面是南宫朱雀。中间的上方是两条东方青龙（左龙嘴含"方"字，右龙嘴含"出"字），中间的下方是北宫麒麟。也没有北玄武。

其六，汉代墓碑的南朱雀、北麒麟配对图像——

▲汉代墓碑配对图式：南朱雀，北麒麟

汉代墓碑既有大量的南朱雀、北玄武配对图像，也有少量的南朱雀、北麒麟配对图像。证明上古伏羲族的二十八宿四方神兽，直到汉代尚未完全失传。

东苍龙、西白虎、南朱雀、北麒麟的完整图像，以及南朱雀、北麒麟的配对图像，汉代以后基本消失。

四　中宫麒麟对应天子：孔子著《春秋》，绝笔于获麟

麒麟被中古夏商周从北宫移至中宫，成为对应中央天子的"瑞兽"。所以汉代纬书《春秋感精符》说："麟一角，明海内共一主也。"

安徽舒城春秋墓：青铜麒麟尊（左为麒，右为麟）

广西贺州战国墓：青铜麒麟尊　　　　陕西石峁战国匈奴墓：金麒麟

▲春秋战国的麒麟尊

鲁哀公十四年（前481），鲁国执政大夫叔孙氏在狩猎中捕获了"麒麟"（实为麋鹿）。孔子认为，大夫捕获对应天子的"麒麟"，意味着从"天下有道，礼乐征伐自天子出"，先降格为"天下无道，礼乐征伐自诸侯出"，再降格为"天下无道，礼乐征伐自大夫出"，因此所著《春秋》绝笔于"获麟"之年（前481），两年以后（前479）神伤而死。

五　战国以后，麒麟演变为镇墓"神兽"

战国以后，"麒麟"又脱离了中宫，变成了战国诸侯的镇墓"神兽"——

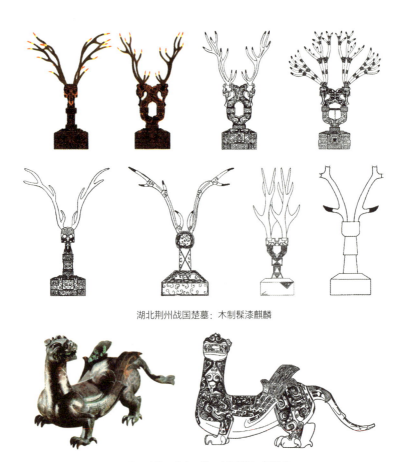

湖北荆州战国楚墓：木制髹漆麒麟

河北平山战国中山王墓：青铜错银双翼麒麟

汉代墓碑石刻：镇墓麒麟

▲战国秦汉的镇墓麒麟

　　春秋时期，周天子失去权威，导致了"礼崩乐坏"，于是战国诸侯纷纷叛周称"王"，称"王"导致了诸侯的地位等同于天子，所以又僭用对应天子的"麒麟"作为镇墓神兽。这一风俗延续到秦汉，麒麟又进一步泛化为君臣通用的镇墓神兽，所以汉代墓碑常常雕刻麒麟图像。汉代士人又以"鹿"喻"禄"，于是"麒麟"又别名"天禄"。

　　上古至中古的一切镇墓神兽，都是天文神兽。因为镇墓神兽的功能是威吓盗墓贼，辟除邪魅，避免惊扰墓主的灵魂，所以只有天文神兽才有镇墓功能。

六　南北朝以后，镇墓兽麒麟演变为瑞兽"辟邪"

　　南北朝时期，五胡乱华，中原板荡，先秦知识进一步失传，镇墓麒麟的天文来源逐渐沉入历史忘川，人们不再明白镇墓麒麟究为何物，仅仅视为镇墓的辟邪神兽——

　　南朝又对君臣的镇墓神兽分出等级：君主的镇墓辟邪兽，是独角的天禄和双角的辟邪。臣子的镇墓兽，全都无角，与有角的麒麟彻底脱钩。所以唐代已经不知辟邪的源头是麒麟，更不知麒麟的源头是天象，所以韩愈在《获麟解》中感叹："唯麟也不可知。"

南朝齐景帝陵石刻辟邪　　　　　南朝陈文帝陵石刻辟邪

▲南朝君王陵墓神道的镇墓辟邪（麒麟）

　　唐宋以后，独角的天禄又与独角的獬豸逐渐混淆，其实天禄（麒麟）的原型是麇鹿，獬豸的原型是山羊——

▲汉代獬豸（任法兽）

　　唐宋以后，无角的镇墓兽又与无角的狮子逐渐趋同——

明《三才图会》麒麟　　　　　北京故宫铜麒麟

风俗画麒麟　　　　　　　　　　纪念币麒麟

▲唐宋以后狮子形麒麟

明清以后，石雕狮子取代了石雕天禄、石雕辟邪的地位。类似麒麟的石雕、玉雕，通常不称"麒麟"，而称"貔貅"——

▲东汉鎏金铜貔貅→明清以后麒麟形貔貅

综上所言，上古华夏的麒麟，是根据北方七宿连线而拟形的北宫天文神兽。中古夏商周的麒麟，是移至中宫的天文神兽。春秋时期的麒麟，演变为象征天子的吉祥瑞兽。战国秦汉的麒麟，演变为脱离天象的镇墓神兽。六朝以后的麒麟，演变为镇墓神兽天禄和辟邪。唐宋以后，麒麟的形象或被狮子的形象取代，或被貔貅的形象遮蔽，仅存来源不明的"麒麟"之名。

　　上编《良渚神徽图法解密》主要从天文角度，解密了良渚神徽及其所有派生纹样的图法和天文内涵，兼及若干中古夏商周图像的图法之谜。伏羲学（华夏图像学）可以解密的上古、中古图像及其图法还有很多，请看下编《上古华夏图法解密》。

上古华夏图法解密

第一章

求解《归藏》卦序，溯源华夏古道

一　中华文明，孰父孰祖

"中华文明五千年，中华民族是炎黄子孙，孔子是中华文明之父"，国人大多视为当然，而无异议。不过对于"五千年"，学界略有异说。

信史派认为五千年过长。有人坚执编年史，认为确凿可信的编年史始于公元前841年周召共和，仅有三千年。有人固持"三王"说，认为传说中的夏代始于公元前二十一世纪，仅有四千年。除非《史记·五帝本纪》被证明为信史，才有五千年。

考古派认为五千年过短。因为最近数十年的考古成果，已经发现了无数华夏初民的文化遗存，中华文明的起源时间必须上溯，有人主张七千年以上，有人主张一万年以上。

我也认为五千年过短，除了众多考古证据，另一理由是《史记·五帝本纪》以黄帝为中华民族初祖，遗漏了"五帝"之前的"三皇"，尤其是遗漏了"三皇"之一、自古公认始画八卦的伏羲。周代之前甚至黄帝之前的众多文化遗存，已经发现了大量的原始太极图、早期卦画和数字卦（三爻、六爻均有），不仅证实了"伏羲画八卦"的传说，而且必须修正传说：伏羲并非仅画八经卦，而是同时画了六十四卦。若无六十四卦，八经卦缺乏独立意义，所以伏羲必定同时画出八经卦、六十四卦。中华民族史，中华文明史，全都始于黄帝之前的伏羲，远远不止五千年。

即使无视伏羲，那么"中华文明五千年，中华民族是炎黄子孙"尚可互相自圆其说，"孔子是中华文明之父"则与之严重抵牾，因为孔子（前551—前479）距今仅有两千五百年。孔子之前的两千五百年，并非中华野蛮史，也是中华文明史。所以坚持"孔子是中华文明之父"者，至少必须承认"父"无"初祖"义，进而承认孔子之前的两千多年，另有中华文明的祖父、曾祖、高祖、初祖。

由此可见，把黄帝视为中华民族初祖，把孔子视为中华文明初祖，都是很不精确的认祖归宗，只有把伏羲视为中华民族和中华文明的初祖，才是真正的认祖归宗。打个比方（仅取时间义，不取实质义），伏羲相当于亚当（女娲相当于夏娃），黄帝相当于亚伯拉罕，尧舜相当于摩西，周公相当于耶稣，孔子相当于保罗。伏羲之道相当于《圣经》中的犹太教《旧约》，周孔之道相当于《圣经》中的基督教《新约》，两者不可割裂又相异甚多。然而两千多年来，庙堂官学一方面独尊周孔"新约"，一方面剿灭伏羲"旧约"，用后半部中华文明史遮蔽前半部中华文明史，同时又杜撰了伏羲"旧约"支持周孔"新约"之伪证，自称周孔"新约"忠实传承了伏羲"旧约"，否认周孔"新约"是异于伏羲"旧约"的转向改道。

周孔"新约"的基本经典，就是孔门五经。其中形而下的《尚书》，最早的《虞夏书》（姑且不论其为周代以后的伪托或追记），仅及"五帝"最末之尧、舜以及"三王"最初之禹和夏代，空缺"三皇"以及"五帝"最初之黄帝、颛顼、帝喾。其中形而上的《周易》，仅及周代，无视夏代、商代，遑论"三皇"、"五帝"。

推尊孔门五经者，先把伏羲画六十四卦缩减为画八卦，再把叠八卦为六十四卦转归于周文王，从而把《周易》独尊为中华形上之道的至高宝典。其实《周礼·春官》明确记载，夏代《连山》、商代《归藏》、周代《周易》全都包含伏羲六十四卦："其经卦皆八，其别皆六十有四。"由于秦始皇"焚书坑儒"和汉武帝"罢黜百家，独尊儒术"，导致《连山》、《归藏》亡佚而《周易》独存，以《周易》为谷底的"Ｖ"形历史转折，遂被视为以《周易》为顶峰的"∧"形历史转折。"伏羲画八卦，文王叠为六十四卦"的权威谬说，则被失典忘祖的国人盲信两千多年。

二　汲冢《归藏》，得而复失

西晋时期，属于战国中期的汲郡魏襄王墓出土了《归藏》、《竹书纪年》、《穆天子传》等书。其中最为宝贵的汲冢《归藏》，包含伏羲六十四卦，非仅八卦。这是秦火之前埋入地下，幸存至晋的无上国宝，也是国人突破秦火汉黜、探明华夏古道的第一次历史性机会。

《礼记·礼运》记载："孔子曰：'我欲观殷道，是故之宋，而不足征也，吾得《坤乾》焉。'"从古至今的学界共识，认定孔子所见《坤乾》即《归藏》。我进而认为，汲冢《归藏》，正是孔见《归藏》的抄本之一。孔子晚年弟子子夏，于孔子死后离鲁往魏，把孔见《归藏》（或其抄本之一）携带至魏，为魏文侯师。经过魏文侯、魏武侯、魏惠王三世，魏襄王死后，孔见《归藏》的抄本之一葬入其墓，西晋出土于汲冢。由于仅过六百年，编索尚未朽烂，简序井然，卦序分明。汲冢《归藏》，唐宋尚存，《隋书·经籍志》、新旧《唐书·艺文志》均予著录。因其危及《周易》权威，而于宋代"儒学复兴"之后再次亡佚。因为《归藏》包含伏羲六十四卦的历史真相一旦广为人知，那么周文王始叠八卦为六十四卦的《周易》谬说就会破产，进而危及庙堂官学独尊的周孔"新约"。

《竹书纪年》则是魏国编年史，唐宋尚存。唐人司马贞《史记索隐》，唐人张守节《史记正义》，据之纠正了《史记》的大量讹误。因其危及《史记》权威，也于宋代"儒学复兴"之后亡佚。因为伏羲才是中华民族初祖的历史真相一旦广为人知，那么以黄帝为中华民族初祖的《史记》权威就会动摇，进而危及庙堂官学独尊的周孔"新约"。

凡是可能危及庙堂官学独尊之周孔"新约"的汲冢古书，无不与先秦百家之书一样，难以逃脱剿灭、罢黜、亡佚之祸。唯有无法危及庙堂官学独尊之周孔"新约"的小说《穆天子传》，独存至今。

汲冢《归藏》虽于宋后亡佚，但是唐宋习见，多被抄引。清人严可均、马国翰辑录了唐宋笔记抄引的部分佚文，由于佚文零散无序，无奈之下只能按照《周易》卦序予以排列。按照《周易》卦序错误排列的汲冢《归藏》佚文，已经沦为《周易》附庸，再也无法危及僭居中华之道至高宝典的《周易》之权威。盲从庙堂官学的《周易》专家，对汲冢《归藏》佚文不屑一顾。

汲冢《归藏》的得而复失，使国人错过了突破秦火汉黜、探明华夏古道的第一次历史性机会。

三 《归藏》重现，冷落至今

幸而天佑中华真道于不坠。1993年，湖北王家台秦墓再次出土了《归藏》。这是秦火时代埋入地下，幸存至今的无上国宝，也是国人突破秦火汉黜、探明华夏古道的第二次历史性机会。不过奇怪的是，时过二十年，王家台《归藏》至今仍未公开出版。而发现时间、简文内容均晚于王家台《归藏》的其他种种古简，比如1994年发现的上博所藏战国简，2008年发现的清华所藏战国简，2009年发现的北大所藏西汉简，简文内容均属周代以后，因其不会危及周孔"新约"，所以很快有了众多公开出版物，迅速成为学界热议、媒体追捧的"显学"。足证秦火汉黜导致的选择性失明，以及庙堂官学两千多年独尊周孔"新约"导致的前识成心，仍然痼疾难除。

关于王家台《归藏》，目前仅有王明钦、李学勤、廖名春等参与整理、得见简文的极少数学者，发表了若干初步研究成果。他们根据严可均、马国翰所辑汲冢《归藏》佚文，已经判定王家台"古易书"不属《周易》，而属《归藏》。基本共识是，王家台《归藏》包含六十四卦，大多数卦名与《周易》相同，极少数卦名略异于《周易》而可通，足以推翻周文王始叠八卦为六十四卦、始定六十四卦卦名的权威谬说。但是这些初步研究成果，仅把八卦叠为六十四卦的时间，以及六十四卦得名的时间，从周代《周易》上溯至商代《归藏》，没有危及《周易》权威的其他结论，更未涉及《归藏》、《周易》的根本差异——卦序迥异。

王家台《归藏》至今未获出版，原因可能有二：

一是整理者严重低估《归藏》卦序迥异于《周易》卦序的重大价值。

由于竹简埋于地下两千多年，编索已经朽烂，简序已经散乱，而二十年来未能复原简序，所以不准备出版。

二是整理者高度重视《归藏》卦序迥异于《周易》卦序的重大价值。但是如果像严可均、马国翰那样按照《周易》卦序排列简文，王家台《归藏》就会失去独立价值，沦为可有可无的《周易》附庸，所以在复原简序之前暂不出版。

两种可能原因，困境其实相同，就是不明《归藏》卦序——这是秦火汉黜以后，庙堂官学为了独尊周孔"新约"而不遗余力的两千多年灭典亡祖，留给后人的伏羲"旧约"之谜。

四　首尾四卦，求解卦序

我愿提供破解《归藏》卦序的线索，或许有助于整理者摆脱困境。

由于周、宋、鲁、魏、秦的各种先秦《归藏》抄本，均在秦火汉黜之后陆续亡佚，汲冢《归藏》又在宋后再次亡佚，因此两千年来的大部分《周易》专家，仅知孔子读过《坤乾》（《归藏》）而推崇《周易》，因而仅知《归藏》"首坤乾"与《周易》"首乾坤"之微异，从而误以为《归藏》"首坤乾"之后的六十二卦卦序，同于《周易》"首乾坤"之后的六十二卦卦序。近现代《周易》专家，又因严可均、马国翰迫于无奈而以《周易》卦序对汲冢《归藏》佚文进行错误排序，更加坚执这一误识，从而误以为汲冢《归藏》亡佚损失不大，王家台《归藏》出土也价值不大。如果整理者也有这一误识，那么很可能二十年来无人从事王家台《归藏》的简序复原工作，正式出版或将遥遥无期。一旦明珠暗投的竹简朽烂于库房之中，国人又将再次错过突破秦火汉黜、探明华夏占道的第二次历史性机会。

通往华夏古道源头的大门，如今近在眼前。之所以门户尚未洞开，宝藏尚未放光，乃因缺少一把"芝麻开门"的钥匙——《归藏》卦序。能否重新配制这把遗失两千多年的钥匙？完全可能！可能性就存在于第一次历史性机会的残留信息之中。

南宋朱元升《三易备遗》之《归藏纲目》，记录了汲冢《归藏》的首尾四卦："首坤、乾，终比、剥。"迥异于"首乾、坤，终既济、未济"的《周易》卦序。朱元升必定见过汲冢《归藏》，知其全部卦序，仅因当时该书习见，不愿多此一举记其全部卦序。于是该书亡佚之后，朱元升所记首尾四卦，成了《归藏》卦序的仅存信息。

摆在国人面前的，其实是一道凭已知、求未知的上古谜题——

已知《归藏》首尾卦序：1坤䷁，2乾䷀……63比䷇，64剥䷖。

求解《归藏》所余卦序：第3卦……第62卦。

五　突破遮蔽，复兴文明

近年我持续追踪王家台《归藏》的研究论文，引起极大兴趣，上网搜索此简的公开出版物无果，意外搜索到了"知北游"于2006年6月上传的王明钦《王家台秦墓竹简概述》。由于王明钦不知《归藏》卦序，不得不按照《周易》卦序，排列王家台《归藏》之伏羲六十四卦。

2010年10月，拙著《庄子复原本》出版，我随即按计划开写《庄子传》。为了在《庄子传》中准确描述庄子之道与华夏古道的承续关系，我初步研究了网络版王家台《归藏》，并于同年同月，以"首坤、乾，终比、剥"为线索，推导出一种可能的《归藏》卦序。但是出于慎重，我暂时不想公开发表，而是根据这一可能的《归藏》卦序，尝试了两种外围性研究，检验我的推导是否合理。

一是研究道家思想对《归藏》卦序的承续，以及儒家思想对《周易》卦序的承续。初步成果是发表于《书屋》2011年第7期、第9期的拙文《以"王"僭"帝"的秦汉秘史》。

二是研究《归藏》卦序对伏羲卦序的承续，以及《老子》之道对伏羲之道、《归藏》之道的承续。初步成果是发表于《社会科学论坛》2013年第1期的拙文《〈老子〉：君人南面之术——从〈归藏〉"泰道否术"到〈老子〉"负阴抱阳"》。

两种外围性研究，已为我推导的《归藏》卦序，找到了相当丰富的系统外证。如今《庄子传》已经完成，接下去我将按计划开写《老子奥义》，为我推导的《归藏》卦序，提出更为充分的系统内证，进而根据伏羲之道、《归藏》之道，阐释《老子》之道。

　　《归藏》卦序对于探索华夏古道具有重大意义，因而属于学术公器，所以我仍然出于慎重，不希望我推导的《归藏》卦序，对其他有兴趣推导者产生影响思路的先入之见。在我发表推导《归藏》卦序的论文之前，我愿借用影响广泛的《书屋》杂志，事先披露推导线索，向有志于探索华夏古道的天下有识之士，求解《归藏》卦序。

　　如果他人的推导与我的推导相同，那么论证和阐释可以互相补充，丰富对《归藏》卦序的全面理解。我不介意与我相同的他人之推导先于我而发表，因为个人荣誉无足轻重，探明华夏古道才是国人的共同荣光。

　　如果他人的推导与我的推导相异，那么多种推导方案可以取长补短，择善而从，直至得出正解。正确的《归藏》卦序，必定能在王家台《归藏》的散乱竹简和简文内容之中，乃至汲冢《归藏》佚文之中，找到系统印证。一旦得出学界公认的《归藏》卦序，排序正确的王家台《归藏》就能早日出版，成为中外学者探索华夏古道的入口。

　　《归藏》卦序迥异于《周易》卦序，因此《归藏》卦义必定迥异于《周易》卦义。正确破解《归藏》卦序，必定有助于正确理解《归藏》卦义，从而进窥伏羲画卦之初义，找到华夏古道之源头，破译中华文明之DNA。所以破解《归藏》卦序的一小步，实为溯源华夏古道的一大步，其意义和价值远远超过破解其他中国之谜。对于中国人来说，其意义和价值又远远超过破解"哥德巴赫猜想"和"费马大定理"。

　　只要不再错过第二次历史性机会，中华民族就能突破秦火汉黜、庙堂官学对华夏古道的两千多年遮蔽，追溯到老子、孔子之前两千多年的华夏古道源头，领悟五千年之前的伏羲"旧约"对中华民族的开天辟地意义，复兴已经停滞了两千多年的中华文明。

2012 年 11 月 21—27 日

（本文刊于《书屋》2013 年第 1 期）

第二章

伏羲文化：中华文明的源头

中国境内最为著名的新石器时代文化，是延续两千年的仰韶文化（前5000—前3000）和延续千年的龙山文化（前3000—前2000）。然而仅凭仰韶—龙山的三千年考古遗存，很难理清夏代以前的华夏文化如何发展为夏代以后的中华文明。

1978年以后甘肃天水大地湾遗址的重大考古发现，不仅证明了"大地湾文化"是仰韶文化的源头，而且证明了"天水是羲皇故里"、"天水是娲皇故里"、"伏羲生于天水"、"伏羲画卦"等等无数古籍记载的史实，从而找到了华夏文化的终极基因，找到了中华文明的上古源头，找到了解密伏羲六十四卦、伏羲太极图、河图、洛书、《连山》、《归藏》、《周易》等等中国文化核心之谜的万能钥匙。

首先需要澄清，"伏羲氏"并非个体专名，而是氏族共名。古代称"伏羲氏"，现代称"伏羲族"。"伏羲氏"是上古四千年从伏羲族祖地甘肃天水大地湾出发，扩张到黄河全境乃至华夏全境的所有伏羲族人的共名，正如"中国人"是从古至今无数中国人的共名。大地湾族群的父系Y染色体是O3，陕西半坡、山西陶寺、河南裴李岗、四川大溪、西藏卡若等地新石器时代族群的父系Y染色体也都是O3，均为从大地湾向外扩张的伏羲族。今日华夏全境的各个民族，大部分个体的父系Y染色体仍是O3，充分证明大地湾一期至今的八千年，伏羲族始终是华夏全境的主体民族，正如源于大地湾的伏羲族文化始终是中华文明的核心成分。

一 天水古名"成纪"的精确内涵

大地湾的考古发现已经充分证明：天水古名"成纪"，意为"成就纪年"。

上古伏羲族"成就纪年"的方式，正是作为华夏文化、中华文明第一推动力的"伏羲画卦"。"卦"的本字为"圭"，因为圭表测影正是八千年来中国天文学的第一方法。"表"是垂直于地的立木，"圭"是横置于地的刻度尺。

▲龙山晚期山西陶寺圭表　　▲东周金村日晷　　▲明清天安门前华表

上古伏羲族圭表的考古实证，见于伏羲族东扩之地山西陶寺。中古夏商周继承了上古伏羲族的圭表，升级为更加精密的日晷，晷、圭音近。由于君王只有凭借圭表测影，才能颁布合于天象的历法，证明其权力合法性，因此中国宫殿之前均立象征圭表的华表。

龙山晚期（前2500）的陶寺圭表是伏羲族圭表的成熟形态，但其源头可以追溯到此前三千五百年、距今八千年的甘肃天水大地湾一期（前6000）。

▲伏羲族圭影符：大地湾（前6000）→半坡、姜寨（前4500）

大地湾尽管尚未发现圭表，但是大地湾一期的彩陶盆（T3④：5）、彩陶残片（F301：73）的圭影符 ↓，中间一竖是表木，左右斜线是上午、下午的圭影。充分证明大地湾一期的伏羲族已经发明了圭表测影。

大地湾二期（前4500）的陶文，已把圭影符系统化：↓、↘是太阳在南、正午前后的左、右圭影，合为全形圭影 ↓。↗、↑是太阳在北、正午前后的左、右圭影，合为全形圭影 ↑。

一千多年以后西安半坡、临潼姜寨等地的仰韶伏羲族历法盆：四正方位的一阳爻 ▬、三阳爻 ☰，标示春分、夏至、秋分、冬至。四维方位的圭影符 ↓、↑，标示立春、立夏、立秋、立冬。

甘肃大地湾　　　　　青海柳湾　　　　　山西陶寺　　　　　河南平粮台

▲伏羲族阴阳卦符

大地湾一期也发现了"伏羲画卦"的两大构件：大地湾彩陶盆的宽带纹，即为阳爻符 ▬。大地湾的圭影符 ↑，减去圭影符中间的表木，即为阴爻符 ∧。类似的阴阳爻卦，后来又见于甘肃境内的兰州下海石、永昌鸳鸯池、永昌北滩，以及青海柳湾、山西陶寺、河南平粮台等等伏羲族的大量遗址。

大地湾伏羲族通过圭表测影，掌握了冬至太阳最南、圭影最长，夏至太阳最北、圭影最短的天象循环规律，于是用阳爻、阴爻的不同组合，标示圭影之象，简称"圭象"。夏代以后，根据"圭象"标示的天象循环规律，兼用于卜筮人世的祸福循环规律，于是圭+卜＝卦，"圭象"改称"卦象"，"伏羲画圭"改称"伏羲画卦"。天水卦台山，正是大地湾伏羲族建造天文台之山，首先圭表测影，其次画圭纪历。

大地湾伏羲族通过圭表测影，掌握了天象循环规律；通过画圭纪历，创造了全球独一无二的图像历，成为华夏文化和中华文明的永恒基因。图像历是全球所有农业民族在前文字期普遍采用的纪年方法，所以大地湾伏羲族把天水命名为"成纪",意为"成就纪年"。

伏羲族史诗《黑暗传》明确记载了成纪伏羲氏"画卦纪历,达于神明"的不朽伟业:

> 圣母忽然身有孕,成纪地方生圣君;
> 成纪地方在何处?甘肃巩昌㟃州城。
> 伏羲仁君观天象,日月星辰山川形;
> 才画八卦成六爻,六十四卦达神明。

二　上古伏羲族的两大图像历

大地湾遗址的考古发现,不仅证明了"伏羲画卦,以卦纪历"是确凿不移的史实,而且解密了上古四千年的伏羲族两大图像历:连山历、归藏历;进而解密了夏代《连山》、商代《归藏》、周代《周易》的起源之谜。

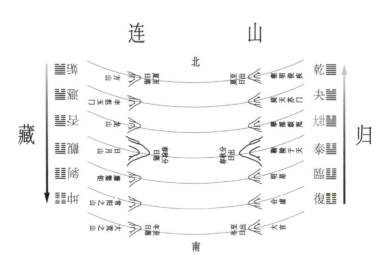

▲伏羲连山历、神农归藏历原理图(张远山原创)

连山历是大地湾伏羲族和仰韶伏羲族的早期历法，以东七山、西七山，亦即《山海经》之《大荒东经》《大荒西经》记载的十四座日月出入之山为地面坐标：冬至到夏至的上半年，太阳从南回归线向北回归线移动。夏至到冬至的下半年，太阳从北回归线向南回归线移动。太阳东升西落的轨迹，每半年南北位移七山六谷，一谷对应一个月，六谷对应六个月。西周《周髀算经》的"七衡六间图"，即源于此。

由于伏羲族的早期历法是连山历，所以伏羲族的别名是"连山氏"。又在方言口传过程和文字记录过程中，讹传或别写为"列山氏"、"烈山氏"、"历山氏"等等。

归藏历是龙山伏羲族的晚期历法，以伏羲六十四卦的六爻，对应六谷。阳爻的多寡和位置，标示太阳的位置；阴爻的多寡和位置，标示圭影的长短。

商代《归藏》的十二辟卦如下——

阳仪六辟卦：复▤↗临▤↗泰▤↗大壮▤↗夬▤↗乾▤

阴仪六辟卦：姤▤↗遁▤↗否▤↗观▤↗剥▤↗坤▤

上半年六个月，太阳从南回归线向北回归线北"归"，阳气渐盛而阴气渐衰，所以阳仪六辟卦是阳爻渐多，阴爻渐少。其中对应春分的泰卦▤是三阳三阴，标示阴阳平分，昼夜等长；对应夏至的乾卦▤是六爻皆阳，标示圭影最短，白昼最长。

下半年六个月，太阳从北回归线向南回归线南"藏"，阴气渐盛而阳气渐衰，所以阴仪六辟卦是阴爻渐多，阳爻渐少。其中对应秋分的否卦▤是三阴三阳，标示阴阳平分，昼夜等长；对应冬至的坤卦▤是六爻皆阴，标示圭影最长，白昼最短。

由于伏羲族的晚期历法是归藏历，所以伏羲族的另一别名是"归藏氏"。

夏代《连山》仍以伏羲六十四卦计历，其名承袭早期伏羲族的连山历。商代《归藏》也以伏羲六十四卦计历，其名承袭晚期伏羲族的归藏历。夏代《连山》、商代《归藏》的第一功能都是以卦纪历，第二功能才是以卦占卜。商周之际，文字历取代了图像历，所以"文王演易"重排了伏羲六十四卦的卦序，《周易》不再以卦纪历，唯一功能是以卦占卜。但是《周易》仍然大量保留了源于上古伏羲族的连山历、归藏历和夏代《连山》、商代《归藏》的天文历法遗意，比如《周易》所言伏羲氏"仰观于天"，正是夜观星象；所言"俯察于地"，正是昼测圭影；所言"太极生两仪，两仪生四象，四象生八卦"，正是以卦纪历的伏羲象数易要义。

三　伏羲六十四卦和伏羲太极图的历法初义

伏羲六十四卦和伏羲太极图，都是伏羲族的图像历符号。卦象（圭象）用于记录圭影，兼有象、数二义：卦象对应天象，爻数对应历数。太极图则是卦象的合成图：阳爻转化为太极图之白，阴爻转化为太极图之黑；卦象的阴爻阳爻，严格对应太极图的黑白构成。

▲伏羲十二辟卦太极图（张远山原创）

▲伏羲六十四卦太极图（张远山原创）

伏羲十二辟卦：每卦的上卦和下卦，分别对应一节气，合为二十四节气。每卦六爻，一爻对应一物候，合为七十二物候。十二辟卦的卦象，合成内圆的十二辟卦太极图。

伏羲六十四卦：内圈60卦360爻，1爻计1日，合计360日。每5卦30爻，计1月30日。每15卦90爻，计3月90日。外圈4卦，1卦计1日。内圈每15卦计90日，加外圈1卦计1日，合为每季91日，四季364日。平年"归余于终"，冬至坤卦上下卦各计1日，全年365日。闰年"归余于中"，夏至乾卦上下卦各计1日，全年366日。六十四卦的卦象，合成内圆的伏羲太极图。

伏羲六十四卦用于计历，历代文献称为"分卦值日"，证据无数，此举三例。

《淮南道训》："旁行周合六十四卦，月主五卦，爻主一日；岁既，周而复始。"

《易纬·乾凿度》："以卦用事，一卦六爻，一爻一日。"

《汉书》孟康注："分卦值日之法，一爻主一日，六十卦为三百六十日，余四卦……是二至二分用事之日。"

由于伏羲卦序的内圈60卦始于复卦、终于剥卦，所以伏羲族史诗《黑暗传》如此颂扬伏羲六十四卦、伏羲太极图的天文历法妙用：

六十四卦分造化，剥极而复判天人。

天有三百六十度，循环往复运期神。

上古伏羲太极图

中古伏羲太极图（最右是五代陈抟太极图）

▲上古—中古伏羲太极图

近代以前的人们，普遍以为伏羲太极图是五代道士陈抟的发明。但是现代考古发现了陈抟以前的夏商周，以及夏代以前的新石器时代，均有大量的伏羲太极图，同时揭示了伏羲太极图实为伏羲卦象的合成图。

夏代以后，伏羲六十四卦和伏羲太极图首先被数字化为河图、洛书，成为中国天文历算学的最高象征；进而又用中古文字历替代了上古图像历，导致其天文历法初义失传，导致后人把伏羲六十四卦视为占卜符号，把伏羲太极图视为神秘符号。改朝换代的历史兴废，又导致了夏代《连山》、商代《归藏》亡佚，于是上古伏羲族文化与夏代以后中华文明的连接桥梁，中断了数千年。尽管商代《归藏》曾在晋代出土于河北汲郡的战国魏襄王墓，1993年又出土于湖北荆州王家台的秦墓，由于中间缺环太多，未能受到充分重视。但是秦汉以后，《周易》作为上古伏羲族图像历的唯一遗物，仍被奉为"群经之首"，两千年来深刻影响着中华文明。

四　大地湾"大庭"是中华宫殿的祖殿

大地湾四期（前3500）的原始宫殿（F901），面积420平方米，是夏代以前华夏全境最大的单体建筑，亦即史籍记载的伏羲族"大庭"。《遁甲开

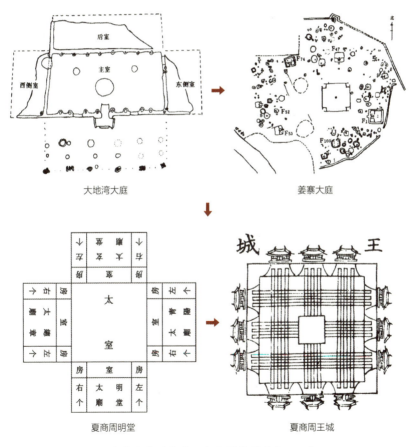

大地湾大庭　　　　　　　　　　姜寨大庭

夏商周明堂　　　　　　　　　　夏商周王城

▲上古伏羲族大庭→中古夏商周明堂、王城

山图》记载："女娲氏没，大庭氏王。"证明大地湾伏羲族在大地湾四期从母系社会"女娲氏"时代，进入了父系社会"伏羲氏"时代，建立了强大的伏羲族酋邦，建造了亞形"大庭"，因而史称"大庭氏"。

大地湾"大庭"的亞形结构，上古时代已经随着伏羲支族的四方扩张而广泛传播，比如又见于陕西临潼姜寨（F47）。中古夏商周的明堂，乃至中古夏商周的王城，均为亞形结构，充分证明大地湾四期的伏羲族"大庭"是夏代以后中华宫殿的祖殿。

结语　伏羲文化是中华文明的终极源头和核心基因

综上所述，八千年前的大地湾，正是上古伏羲族的祖地"成纪"。大地湾文化是上古伏羲族的早期文化，仰韶文化和龙山文化则是上古伏羲族从大地湾向黄河中下游东扩以后继长增高的中期文化和晚期文化。

天文历法是农业民族的最高知识，也是农业民族发展壮大的根本保障。伏羲族凭借先进的天文历法，创造了繁荣发达的农业文化，因而又称"神农族"。通过上古四千年的地域扩张，伏羲族从大地湾扩张到黄河中下游和华夏全境，成为华夏全境的主体民族，伏羲文化也成为八千年来华夏全境的主体文化。

从伏羲族主导的上古四千年，到夏商周王国的中古两千年，再到秦汉帝国以降的近古两千年，中华民族凭借上古伏羲族开创的先进天文历法，确保了中华农业文明在工业时代来临之前，长期领先于全球其他民族，成为历史从未中断、文化从未消亡的伟大民族。

由于大地湾文化既是伏羲族的祖族文化，又是华夏文化、中华文明的源头文化，所以我把以大地湾文化为起点和核心、探索上古华夏文化史的新学，命名为"伏羲学"。伏羲学的更多丰富内容，详见我的伏羲学专著《伏羲之道》和伏羲学续著《玉器之道》。伏羲学足以贯通八千年华夏文化史和四千年中华文明史，足以证明天水大地湾是华夏文化和中华文明认祖归宗的第一圣地。

天水伏羲庙的匾额，大书"一画开天"四字。正是"伏羲画卦"的"一画开天"，成就了八千年华夏文化的开天辟地。

2017年5月22日
（本文应2017年甘肃天水伏羲祭祀大典之邀而作，
刊于《读者欣赏》2017年伏羲祭祀大典特刊）

第三章

伏羲六十四卦、伏羲太极图的象数解密

　　2010年8月,《庄子复原本》出版。我准备撰写《庄子传》,梳理庄子之前的道家源流,专题之一是研究1993年出土于湖北江陵王家台秦墓的王家台《归藏》。10月10日,我排出《归藏》单圈卦序,进而推导出伏羲双圈卦序,确信其初始命义是天文历法。

　　2011年11月,我应邀在深圳做了老庄之道讲座,简述了中古老庄之道的上古源头——伏羲之道,公布了伏羲双圈卦序的简图(图1),阐明其天文历法初义。简图仅列伏羲太极图和伏羲双圈卦序的外圈四卦,用四个箭头代表内圈60卦,每个箭头代表每季15卦90爻(用于计算每季90日)。

　　2013年1月,《庄子传》出版。我开始撰写《老子奥义》,先写绪论《华夏古道溯源》,为伏羲双圈卦序及其天文历法之道寻找更多的考古证据和文献证据,无比震惊地发现,距今八千年、始于先仰韶期(前6000—前5000)、延续三千两百年(前6000—前2800)的甘肃天水大地湾遗址,竟是伏羲族祖地。又无比震惊地发现,仰韶期(前5000—前3000)、龙山期(前3000—前2000)的宝鸡北首岭、临潼姜寨、西安半坡、濮阳西水坡、郑州大河村、洛阳王湾、山西陶寺等等无数遗址,都是东扩伏羲支族之地。上古四千年的伏羲族彩陶纹样,充分证明了伏羲六十四卦、伏羲太极图的起源演变过程及其天文历法初义。

　　五一期间,我实地考察了甘肃天水大地湾、西安半坡等遗址。然后一

图1 伏羲卦序简图（张远山原创）

头扎进上古四千年，阅读了无数考古发掘报告和相关研究著作，经历了一生之中最为兴奋、脑洞全开、见证神奇的三个月。我运用遗传、考古、文献三重证据，创立了一门研究上古华夏四千年的新学——伏羲学。

伏羲学不仅可以合理解答先秦知识残存图景中的所有中国之谜，而且可以大量提供先秦知识残存图景中缺损的源头性、基础性知识，亦即华夏文化的基因。这些华夏文化的基因，均因中古以后的历史事变、历史改道、重新编码，消失于中古、近古的历史书写。但是大地母亲的博大胸怀，把华夏文化发轫之时的最初信息，高度保真地保存至今，使今人可以穿越历史风沙，回到上古现场。

8月18日，我又应邀在深圳做了伏羲学讲座，公布了伏羲双圈卦序的全图（图2）。

伏羲双圈卦序，实为神农归藏历的分卦值日图，卦象对应天象，爻数对应历数。

根据《汉书》孟康注："分卦值日之法，一爻主一日，六十卦为三百六十

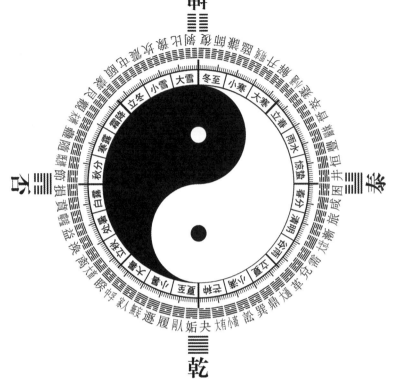

图 2　伏羲双圈卦序：神农归藏历分卦值日图（张远山原创）

日。余四卦……是二至二分用事之日，又是四时。"具体算法如下：

其一，内圈60卦360爻，1爻计1日，合计360日。

其二，外圈4卦，各计1日。每季91日，四季364日。

其三，平年"归余于终"，即冬至坤卦上下卦各计1日，全年365日。

其四，闰年"归余于中"，即夏至乾卦上下卦各计1日，全年366日。

　　我意识到，《老子奥义》的一篇绪论，无法概括老子之前五六千年的华夏古道。不把华夏古道探究清楚，很难充分理解《老子》。于是决定压后《老子奥义》，先写《伏羲之道》。

　　我用了一年时间，补充完善老庄讲座，完成了《老庄之道》一书，阐释中古先秦之道的两大高峰：老子的庙堂群治之道，庄子的江湖自治之道。又补充完善伏羲学讲座，完成了《伏羲之道：上古四千年伏羲神农族天文历法史》一书，解密上古伏羲神农族的两大历法：早期伏羲族的伏羲连山历，晚期伏羲族的神农归藏历。

伏羲连山历和神农归藏历，都是中古文字产生以前的上古图像历，是中国历法的源头。所以夏代《连山》袭用伏羲连山历之名，商代《归藏》袭用神农归藏历之名。上古伏羲族的两大图像历，全都抵达了同时期全球范围内的图像历顶峰，是中古以后中国历法领先全球、中国农耕文明领先全球的坚实基础。

先仰韶期（前6000—前5000）的早期伏羲族，发明了圭表测影，并以东七山、西七山为地面坐标，创立了七山六谷的伏羲连山历。上半年太阳从南至北经过六谷上空，一谷对应一个月，是为上半年六月；下半年太阳从北到南经过六谷上空，一谷对应一个月，是为下半年六月。东六谷、西六谷上空的太阳经天连线，记为阴阳不同的六爻圭画，对应全年十二个月的太阳远近、圭影长短，亦即全年十二个月的日照强弱和气候冷暖。六爻圭画的符号系统，并非一次完成，从起源到完成，经历了先仰韶期到龙山中期的三千五百年（前6000—前2500）。完成以后的圭画符号系统，后世称为"伏羲六十四卦"。

图3　大地湾一期圭影盆（前6000）

由于早期伏羲族创立了伏羲连山历，所以早期伏羲族又称"连山氏"。后来讹传为音近的"列山氏"、"烈山氏"、"历山氏"、"丽山氏"等等。

伏羲族又把东七山、西七山向天上投射，于是有了东苍龙七宿、西白虎七宿，证见东扩伏羲支族在河南濮阳西水坡45号墓（前4500，仰韶中晚期）蚌壳堆塑的苍龙七宿、白虎七宿、北斗七星（图4）。

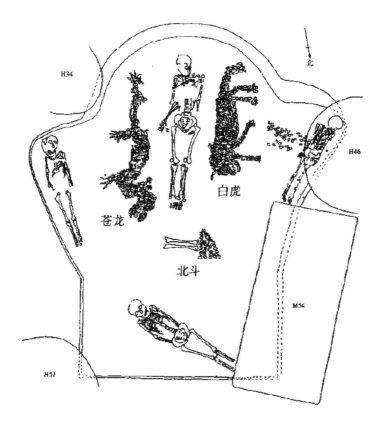

图 4　河南濮阳西水坡 M45：苍龙七宿，白虎七宿，北斗七星

伏羲族又为东七山、西七山，另配南七山、北七山，于是完成了二十八山地面坐标，证见《山海经·大荒四经》的东西南北各七座"日月出入之山"。仰韶晚期，南七山、北七山也向天上投射，成为南朱雀七宿、北麒麟七宿。东西南北二十八山的地面坐标，就此升级为东西南北二十八宿的天空坐标。

苍龙、白虎、朱雀、麒麟的形状，都是天上七宿的连线。但是伏羲族的麒麟七宿，中古以后被黄帝族用玄武七宿取代。

中国龙起源于苍龙七宿的连线，古人已知。证见《左传·昭公二十九年》孔颖达疏："东方七宿，角、亢、氐、房、心、尾、箕，共为苍龙之体，南首北尾，角即龙角，尾即龙尾。"

中国四神兽起源于四方七宿的连线，古人尽知。证见《尚书·尧典》

孔颖达疏："四方皆有七宿，可成一形。东方成龙形，西方成虎形，皆南首而北尾；南方成鸟形，北方成龟形，皆西首而东尾。"

东汉张衡的《灵宪》，揭示了二十八山投射为二十八宿的对应关系："地有山岳，以宣其气，精种为星。星也者，体生于地，精成于天。"

唐代瞿昙悉达的《开元占经》，引用佚书《二十八宿山经》，揭示了二十八宿与二十八山的对应关系。

考古证据与文献证据的系统互证，为二十八宿起源于中国，而非起源于印度，画上了圆满句号。

龙山时代（前3000—前2000）的晚期伏羲族，即神农族，完善了记录圭影的六爻圭画体系，成为阴阳爻排列不同的六十四种圭画（卦象），用其记录全年圭影，计算全年历法，升级为神农归藏历。

冬至到夏至的上半年，太阳从南回归线向北回归线运动，离北半球越来越近，故谓之"归"。

夏至到冬至的下半年，太阳从北回归线向南回归线运动，离北半球越来越远，故谓之"藏"。

简而言之，就是上半年太阳北归，下半年太阳南藏。

考古证据和文献证据的系统互证，可以考定伏羲六十四卦的上古形态，包括起源原理、起源时间、演变过程、完成时间。甘肃、青海的伏羲族祖地和陕西、河南的东扩伏羲支族之地，伏羲族彩陶上都有大量圭画，最终定型为六十四组六爻圭画。中古以后的黄帝族，把上古伏羲族记录六谷圭影的六爻圭画，移用于卜筮，根据天道的规律性变化，预测人运的规律性变化，于是圭+卜＝卦，圭画成了卦象。

考古证据和文献证据的系统互证，又可以考定伏羲太极图的上古形态（图5），包括起源原理、起源时间、演变过程、完成时间。大量上古太极图，可与五代陈抟以前的大量中古太极图（图6），相互印证。

五代陈抟太极图以前的大量上古太极图和大量中古太极图，共同证明了以下两点：

其一，陈抟太极图（图6最右）实有上古、中古的确凿渊源，并非师心独创。

图 5　上古伏羲族的太极图五例

图 6　中古至陈抟的太极图五例

其二，陈抟太极图含有多种错误，未能充分领悟伏羲太极图与伏羲六十四卦的对应关系、生成关系，及其天文历法初义。

伏羲六十四卦和伏羲太极图不仅全都起源于天文历法，而且具有一体双生关系。详细考证见于拙著《伏羲之道》，本文仅以两组十图予以简单说明。

第一组图，是外配卦象的太极象数四图（图7）。

圆外卦象的阳爻，转换为圆内太极图的白色部分。

圆外卦象的阴爻，转换为圆内太极图的黑色部分。

两者严格对应，证明伏羲太极图是伏羲圭画（卦象）的集合。

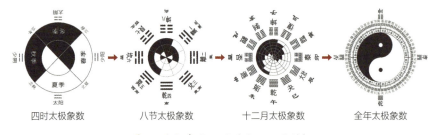

图 7　太极象数四图（张远山原创）

二爻的伏羲先天四卦（图7第一图），天文历法初义如下：

少阳☳标示春季，太阳☰标示夏季，少阴☱标示秋季，太阴☷标示冬季。卦象集合，即为四时太极图。

三爻的伏羲先天八卦（图7第二图），天文历法初义如下：

一震☳标示立春，二离☲标示春分；三兑☱标示立夏，四乾☰标示夏至；五巽☴标示立秋，六坎☵标示秋分；七艮☶标示立冬，八坤☷标示冬至。卦象集合，即为八节太极图。

六爻的伏羲十二辟卦（图7第三图），天文历法初义如下：

一阳到六阳的复䷗、临䷒、泰䷊、大壮䷡、夬䷪、乾䷀，标示上半年的太阳远近、圭影长短、日照强弱、气候冷暖；一阴到六阴的姤䷫、遁䷠、否䷋、观䷓、剥䷖、坤䷁，标示下半年的太阳远近、圭影长短、日照强弱、气候冷暖。卦象集合，即为十二辟卦太极图。

六爻的伏羲六十四卦（图7第四图，参看图2大图），天文历法初义如下：

正东泰卦的卦象䷊，标示春分的昼夜平分、阴阳均衡、气候适中。

正南乾卦的卦象䷀，标示夏至的昼长夜短、日照最强、气候最热。

正西否卦的卦象䷋，标示秋分的昼夜平分、阴阳均衡、气候适中。

正北坤卦的卦象䷁，标示冬至的昼短夜长、日照最弱、气候最冷。

自复䷗至乾䷀是上半年阳仪32卦，自姤䷫至坤䷁是下半年阴仪32卦。卦象集合，即为完型全象的伏羲太极图。

至此已明，伏羲六十四卦与伏羲太极图一体双生，卦象对应天象，爻数对应历数，上古伏羲族的初始原义是天文历法，中古黄帝族的后起新义是卜筮算命。

第二组图，是不配卦象的太极生成六象（图8）。比太极象数四图，多出二图。

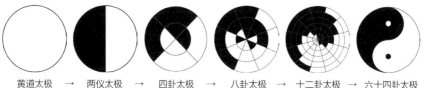

黄道太极 → 两仪太极 → 四卦太极 → 八卦太极 → 十二卦太极 → 六十四卦太极

图8 太极生成六象（张远山原创）

多出的第一图（图8第一图），是黄道太极，亦即尚未象数化的混沌

图9　马家窑彩陶两仪纹

太极。俯视大地湾圭影盆口沿的宽带纹（图3），就是太阳运行的黄道。宽带纹首见于大地湾圭影盆，大量见于伏羲族彩陶盆。

多出的第二图（图8第二图），是两仪太极，大量见于黄河流域出土的伏羲族彩陶（图9）。太阳运行开始初步象数化，分出上半年阳、下半年阴。进一步象数化，就是太极象数四图，依次分出四时、八节，直到把全年每一日都象数化。

太极生成六象（图8），可以精确对应、对位解码《易传·系辞》关于"太极"的经典描述："太极生两仪，两仪生四象，四象生八卦。"只不过前人不明白这是对伏羲太极图生成过程的精确描述，也不明白伏羲太极图与伏羲六十四卦的一体双生关系，更不明白其天文历法初义。

秦汉以后两千年，揭示伏羲六十四卦历法初义的易学，称为"象数易"，亦即伏羲象数易。由于缺乏上古实证，两千年来人们将信将疑，疑多于信。幸而从二十世纪到二十一世纪的百年考古，发现了大量上古实证，可与过去不受重视的伏羲象数易文献证据相互印证。上古伏羲六十四卦、上古伏羲太极图的天文历法起源和天文历法初义，至此真相大白。

伏羲学的功能，决不止于辨明伏羲六十四卦和伏羲太极图的上古起源和上古初义，而是可以把炎黄之战、焚书坑儒、罢黜百家三次损毁破坏、重新编码，因而支离破碎、真伪杂陈的残存先秦知识，全都串联拼接起来，补足缺损部分，辨明真伪讹误，显现华夏文化基因，复原华夏知识总图，贯通华夏八千年史。

2015年6月5日

（本文刊于《书屋》2015年第9期）

第四章

围棋源于伏羲六十四卦

1997年，IBM公司的电脑"深蓝"，击败国际象棋世界冠军卡斯帕罗夫。经过19年天道循环，2016年，谷歌公司的电脑"阿尔法狗"，击败围棋世界冠军李世石。电脑已在两项顶级棋戏中战胜人脑，抵达了电脑超越人脑的奇点。这一奇点，类似棋枰中心的天元。

1933年，吴清源挑战日本围棋第一人本因坊秀哉，开局落子于天元，开启了现代围棋的新纪元。吴清源之所以开局落子于天元，并非挑战人间权威，而是致敬永恒天道，因为他熟读《道德经》和《棋经》，坚信围棋源于天文。正因吴清源明白围棋源于天文，原本用于探索天道，所以从不执着输赢，一心一意探索棋道，终成空前绝后的天下第一棋士。

上古华夏的天象观测者，用棋枰代表星空，用棋子代表星宿。移动棋枰的棋子，对应天上的星象，意在探索天道的真常实相，根本无关输赢。后来移用于游戏，为了可以终局，人为设定了输赢规则。

不仅围棋源于天文，国际象棋也是围棋的副产品，两者共同起源于上古华夏的天文历法符号——伏羲六十四卦。

先秦典籍《世本·作篇》记载："尧造围棋。"已把围棋的起源时地，锁定在上古华夏，然而未言起源原理。此后的所有中国棋书，全都记载了围棋源于天文。比如唐代《敦煌棋经》："棋有三百六十一道，效周天之度数。棋有白黑，阴阳分也；骈罗列布，效天文也。"又如元代《玄玄棋经》："夫棋之制也，有天地方圆之象，有阴阳动静之理，有星辰分布之序，有风雷变化之机。"可惜语焉不详，后人大多视为附会。

论述最为周详的，当数北宋《棋经》：

> 夫万物之数，从一而起。局之路三百六十有一，一者生数之主，据其极而运四方也，三百六十以象周天之数。分而为四，以象四时。隅各九十路，以象其日。外周七十二路，以象其候。枯棋三百六十，白黑相半，以法阴阳。局之线道谓之枰，线道之间谓之罫。

《棋经》此段，精确全面地论述了围棋源于天文。"线道之间谓之罫"，一语道破了围棋源于伏羲六十四卦。

《左传》、《论语》、《庄子》、《孟子》、《楚辞》等先秦典籍所言的中古围棋，棋子都是下于线道，并非下于方格。古人把棋枰方格专设定名为"罫"，并非多此一举的徒设空名，而是上古围棋源于伏羲六十四"卦"，同时棋子下于方格。

伏羲六十四卦是分卦值日的上古图像历符号，中古以后文字历取代图像历，于是伏羲六十四卦的天文初义和围棋起源于伏羲六十四卦的史实，全部沉入历史忘川。各种《棋经》记录了上古以降的口传知识，但是缺乏实证，信之者寡。

二十世纪考古出土的大量上古实物，证实了中古文献《易传·系辞》的精确记载："古者庖牺氏之王天下也，仰则观象于天，俯则观法于地……于是始作八卦，以通神明之德，以类万物之情。"上古实物、中古文献共同证明：上古伏羲族仰观天象，俯观圭影，发明了圭表测影的天文观测方法，又发明了与之配套的记录全年圭影的六十四圭象（详见拙著《伏羲之道》）。

上古伏羲族的图像历，把伏羲六十四卦分为内外双圈。

内圈60卦：1爻计1日，1卦6爻计6日，15卦90爻计1季3月90日，60卦360爻计360日。

外圈4卦，对应二分二至：泰卦三阳三阴，对应春分；乾卦六阳全满，对应夏至；否卦三阴三阳，对应秋分；坤卦六阴全满，对应冬至。每卦计

▲伏羲六十四卦分卦值日太极图（张远山原创）

1日，年终冬至坤卦上下卦各计1日，全年365日。每4年闰1日，年中夏至乾卦上下卦各计1日，全年366日。

上古时代的六十四圭象，为什么中古以后变成了六十四卦象？因为夏代《连山》、商代《归藏》、周代《周易》，都把上古伏羲族的六十四圭象移用于占卜，圭+卜=卦，六十四圭象变成了六十四卦象。中古夏商周的卜筮易，源于上古伏羲族的天文易，以可预测的天道规律为模型，推测人类的福祸命运。

唐尧时代发明的围棋初始形态，正是伏羲罫棋：棋枰纵横九路，内围8×8＝64罫格，填入对应伏羲六十四卦的罫子。罫子分为黑白，对应阴阳气候。白棋32罫子，对应阳半年春夏二季32卦；黑棋32罫子，对应阴半年秋冬二季32卦。此即《棋经》所言"白黑相半，以法阴阳"。罫子下于线道之间的方格，此即《棋经》所言"线道之间谓之罫"。后人为了增加棋戏的变化和趣味，不断扩大伏羲罳棋的九路棋枰，经过纵横十一路、十三路、十七路的演化，最终定型为纵横十九路。棋子也不再下于线道之间的罳格，而是下于线道的交点。

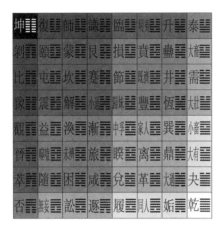

▲伏羲罳棋（张远山原创）

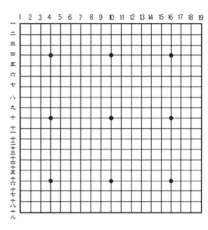

▲中国围棋

围棋棋枰最终定型为十九路，仍然植根于中华天道。

首先，中国人发明了十九年七闰的阴阳合历，十九年是太阳历周期与太阴历周期重合的天道循环之年。

其次，19×19＝361点。中心一点，对应永居天中、作为天象元点的北极天枢，所以专名"天元"。其余360点，对应天球360度和一年360日。此即《棋经》所言："夫万物之数，从一而起。局之路三百六十有一，一者生数之主，据其极而运四方也，三百六十以象周天之数。"

棋枰四角的四大点位，专名"座子"，对应一年四季的星座：东方苍龙七宿，南方朱雀七宿，西方白虎七宿，北方玄武七宿。此即《棋经》所言："分而为四，以象四时。"

棋枰外周，共有七十二点位，对应一年二十四节气七十二物候。此即《棋经》所言："外周七十二路，以象其候。"

棋枰每四分之一，各有九十点位，对应一季三月九十日。此即《棋经》所言："隅各九十路，以象其日。"

棋枰共设九大点位（包括天元、座子），对应最大阳数九；总名"星位"，对应天上繁星。

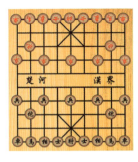
▲中国象棋

▲蒙古象棋

▲国际象棋

中国象棋同样源于伏羲罿棋，棋枰也是纵横九路，只是增加一条楚河汉界。棋子也像围棋一样下于线道。棋子数量减半，每方棋子16枚。

不仅中国围棋、中国象棋全都源于伏羲罿棋，国际象棋同样源于伏羲罿棋，但以蒙古象棋为过渡形式。因为成吉思汗的蒙古铁骑，把蒙古象棋传到了欧洲，后来发展为国际象棋。

蒙古象棋、国际象棋的棋枰，都是纵横九线，六十四方格，黑白相间，棋子下于方格，均与伏羲罿棋相同。每方棋子16枚，则与中国象棋相同。

中国围棋、中国象棋及其派生的蒙古象棋、国际象棋，乃至朝鲜象棋、日本将棋、缅甸象棋等等，无不源于对应伏羲六十四卦的伏羲罿棋。中国历史上曾经存在、后被淘汰的大量其他棋戏，如六博棋等，也无一例外源于天文，都是中华天道的产物。中国是全球棋类游戏的故乡。

围棋游戏之"弈"，与夏商周的卜筮之"易"一样，源于伏羲六十四卦的天文历法之"易"。

"易"有四义：第一，日月为易。第二，简易。第三，变易。第四，不易。

"日月为易"即天文历法易，是中华易道的根本义。后三义都是派生义："简易"是天道规律简明易懂，"变易"是天道规律的局部显现逐日变化，"不易"是天道规律的总体运转永恒不变。中古以后根本义"日月为易"失传，后人仅知派生三义，又对派生三义无法理解透彻。

发现天道是人脑的胜利，发明源于天文的棋戏也是人脑的胜利，创造战胜人脑的电脑仍是人脑的胜利。人类的一切胜利，都是天道的胜利，因为人类是宇宙天道最为杰出的产物。

古人通过观察、研究、学习、领悟、仿效天道，创造了战胜狮虎的人脑，从地球生物圈的食物链中端跃至顶端，人类由此成为万物之灵长，这是顺应天道而不被天道局限的伟大奇迹。古人创造的万千奇迹之一，正是设计出了计算量超过宇宙原子总数的围棋。中华天道的光荣，实为全体人类的光荣。

今人通过观察、研究、学习、领悟、仿效天道，又创造了战胜人脑的电脑，设计出了计算能力超过人脑的人工智能，人类从此可以不再局限于宇宙一隅的太阳系和银河系，继续探索宇宙其他区域的永恒天道，这是顺应天道而不被天道局限的伟大奇点。IBM和谷歌的光荣，实为全体人类的光荣。

人类对天道的探索永无止境，只有阶段性的暂时终局，没有终结性的真正终局。人类文明史的不同阶段，由不同的人类族群领跑，领跑者与追赶者并无输赢，胜利者都是全体人类。电脑与人脑的竞争和博弈，无论领跑者是人脑还是电脑，也不存在输赢，胜利者仍是全体人类。

无论是人脑暂时胜利，还是电脑暂时胜利，没有一方是失败者，因为棋子落于棋枰，日月行于天际，两者交相辉映，都是永恒星光的调皮闪烁。

2016年1月29日

（本文刊于《文汇报》2016年3月16日）

第五章

西周太极图源于伏羲太极图

我的伏羲学第一书《伏羲之道》，列举了夏代以前的大量上古太极图，解密了伏羲六十四卦及其生成的伏羲太极图在上古三千多年的漫长历史中诞生的全过程，证明其初义是天文历法，也列举了不少夏代以后的中古太极图。本文选取其中一例，解密其纹样结构和天文历法内涵。

1976年1月，陕西省扶风县黄堆乡云塘村发现一处西周晚期的贵族窖藏，出土了九件青铜器。根据铭文，四件为伯公父所铸，四件为伯多父所铸，二人当属父子，一件归属不明。

其中一件，是伯公父壶盖（图1）[1]，出土之时即无壶身。现藏陕西省宝鸡市周原博物馆。

壶盖榫部，铸有铭文十七字：

白公父乍叔姬醴壶，万年子子孙孙永宝用。

伯公父壶盖面的太极图（图2-2），正是本文所言史上最美太极图。可惜出土半个世纪而无人辨识，被错误命名为"团身鸟纹"。

公元前2361年，神农归藏历问世，使用伏羲六十四卦"分卦值日"，

---

[1] 曹玮:《周原出土青铜器》483页，巴蜀书社2005。壶盖编号为76FYJ1：7，总0007，高10.9厘米，直径10.7厘米，重量1419克。

图 1　伯公父壶盖面：伯公父太极图

1　伏羲十二辟卦太极图

2　伯公父壶盖面：太极圆图

3

伯公父壶盖肩：太极方图

图 2　伏羲太极图→西周太极图

卦象合成伏羲太极图（图2-1），两者共同成为此后数千年的华夏最高知识。中古黄帝族的夏商周三代，为了神化王权，把太极图及其天文历法初义视为最高机密，运用双龙、双凤、双鱼等等动物拟形，隐藏其图，秘传其义。因为"民可使由之（按历种地），不可使知之（太极图秘义）"，所以青铜器上的拟形太极图极其罕见，目前仅见于西周三器。

另外二器，见于岐山县京当乡董家村1975年2月出土的仲南父对壶（图3）[1]，现藏陕西省宝鸡市岐山县博物馆。同样出土半个世纪而无人辨识，

[1]　曹玮：《周原出土青铜器》376页，巴蜀书社2005。

图 3　仲南父壶盖面：仲南父太极图

被错误命名为"团身龙纹"。

伯公父家族和仲南父家族，当属专掌天文历法的西周太史，世守其职，太极图仅在家族内部秘传，不许外泄。

由于太极图被拟形、隐藏、秘传，不在传统显学的范围之内，所以仲南父对壶、伯公父壶盖出土半个世纪，无人辨识盖面图像是太极图，更不明白图像秘义。马承源主编的《中国青铜器全集》（1996年初版，2003年修订重版），甚至不予收录。

解密伯公父太极图的关键，不在壶盖的太极圆图，而在盖肩的两种太极方图（图2-3），因为方图用两种旋转方向，对圆图进行了天文阐释。也就是说，太极圆图是最高机密，太极方图是阐释最高机密的密码。

由于太极方图仅是密码，不必担心泄密，所以遍见于商周无数青铜器。密码的图像尽管常见，但其秘义仍属秘学，不在传统显学的范围之内，所以图像仍然长期无人辨识，而被错误命名为"窃曲纹"。

伯公父壶的盖肩，有旋转方向不同的两种太极方图，是对盖面太极圆图所藏秘义的密码性展开。第一种方图是天球的顺时针旋转（图2-3左），与圆图一致，古人称为"天左旋"。第二种方图是地球的逆时针旋转（图2-3右），与伯公父圆图相反（但与仲南父圆图一致），古人称为"地右旋"。

《尚书·周书·顾命》曰："天球、河图在东序。"周人称太极图为"河图"，意为天河之图。置于宗庙东方，亦即日出之方，因为天球属于天文，河图（太极图）属于历法。

伯公父太极图，包含两大要素，各有秘义。

其一，圆周的双凤纹。

凤鸟纹是周族的核心图像，亦即图腾或族徽。大量的西周青铜器，都有凤鸟纹。

根据现存文献，以凤鸟为图腾或族徽，源于周族历史，最早可以追溯到尧舜时期的周族始祖后稷，亦即《尚书·皋陶谟》所言"箫韶九成，凤皇来仪"。殷商末年，周文王祖父古公亶父被戎狄胁迫，从豳地迁至岐山脚下的周原，亦即《诗经·大雅·绵》所言："古公亶父，来朝走马，率西水浒，至于岐下。"传说古公亶父来到岐山脚下的周原之时，凤凰鸣于岐山，象征周族受命，即将取代殷商。《诗经·大雅·卷阿》，也对凤凰一唱三叹："凤皇于飞，翙翙其羽，亦集爰止"，"凤皇于飞，翙翙其羽，亦傅于天"，"凤皇鸣矣，于彼高冈"。

然而文献不能完全反映历史真实，根据考古证据，陕西宝鸡北首岭出土陶器上的凤凰纹，不仅早于殷商末年（前1200）古公亶父来到周原，而且早于尧舜时期（前2200）的周族始祖后稷，可以追溯到尧舜之前三千年。前著《伏羲之道》已经考定：中国最早的龙凤图，见于先仰韶期的陕西宝鸡北首岭（前5200），即晚期伏羲族（神农族）祖地（《伏羲之道》第一章第二节）。岐山脚下的周原，位于宝鸡市东北。所谓"宝鸡"，正是北首岭龙凤图之凤。

北首岭龙凤图之龙，是东方七宿的拟形，一直沿用至今。

北首岭龙凤图之凤，是西方七宿的最早拟形，仰韶早期（前4500）以后被白虎七宿取代，证见河南濮阳西水坡的东苍龙、西白虎（《伏羲之道》第一章第五节）。

尽管东龙西凤后来被东龙西虎取代，但是东龙西凤一直是宝鸡神农族的传统图像。周族始祖后稷之母姜嫄，正是属于姜姓的神农族。周族崇拜的凤凰，正是宝鸡北首岭神农族的龙凤图之凤。殷商末年，周文王、周武王立意取代东方大国殷商，于是把本地已有四千年历史（前5200—前1200）的传统图像西凤，用作周族兴起的族徽和受命于天的祥瑞。周武王灭商以后，又用双凤拟形伏羲太极图，隐藏、秘传天文历法知识。

其二，圆心的天垣纹。

伯公父壶盖天盘太极圆图的圆心（图4-1），伯公父壶肩天盘太极方图的中心（图4-2），均有顺时针的天垣纹。

仲南父壶盖地盘太极圆图的圆心（图4-3），伯公父壶肩地盘太极方图的中心（图4-4），均有逆时针的天垣纹。

图4　1—4天垣纹＝5金文：亘（垣）＝6红山文化玄垣（玄鼋、轩辕）

"天垣纹"之"垣"，初文为"亘"，金文作"⦿"（图4-5），是以北极天枢为中心的北半球天象旋转之形。后来"⦿"旁加土，作"垣"，训墙，"天亘"遂成"天垣"，并且分为三垣：紫微垣、太微垣、天市垣。意为：北极天帝生活于北极天宫的围墙之内。"天垣"又称"天元"，又称"天心"、"天极"。至此可明，伯公父太极图，实为"双凤绕极太极图"。

天垣纹不仅见于西周青铜器太极圆图、太极方图的中心，而且是商周青铜器大量使用的独立图像。其源头是上古黄帝族的红山文化勾云形器（图4-6），因为夏商周统治者都是黄帝族，都是"黄帝轩辕氏"。上古黄帝族把标示北极天象的勾云形器，称为"玄垣"，拟形为"玄鼋"，中古以后称为"轩辕"（详见《玉器之道》）。"轩辕氏"（玄鼋氏），与"伏羲氏"、"神农氏"一样，都是氏族名，并非个人名。

天垣纹不仅见于西周青铜器双凤太极图的中心（图5-1），而且见于西汉漆盘双凤太极图的中心（图5-2）。

图5　双凤绕极太极图：1西周，2西汉

1995年四川绵阳永兴双包山西汉墓出土漆盘上的双凤太极图[1]，虽然不尽同于西周双凤太极图，但是双凤纹、天垣纹两大要素不变，只是纹样完美程度远逊。上古至中古的其他种种拟形太极图，纹样完美程度同样远逊于西周太极图。所以西周伯公父壶盖的双凤绕极太极图，堪称史上最美的拟形太极图。这一国之重宝，是华夏文明源于上古伏羲族的重要证物，必将"万年子子孙孙永宝用"。

2015年6月7日

（本文刊于《深圳特区报》2016年5月19日）

[1]　《绵阳永兴双包山二号木椁墓发掘简报》，《文物》1996年10期。

第六章

昆仑神话源于伏羲天文台

华夏神话有日神羲和，月神常羲（嫦娥），希腊神话也有太阳神阿波罗，月亮女神阿尔忒弥斯（罗马神谱改名"狄安娜"）。可见早期人类信仰的天神普遍源于天象，神谱源于天象体系。早期人类按照天象的循环变化，结合人间的本族历史，演绎为天人合一的神话故事，于是需要一座沟通天人的神山，天神由此下凡，巫觋由此上天。希腊神话的神山是"奥林匹斯"，华夏神话的神山则是"昆仑"。

华夏民族的主体是伏羲族，华夏神话的主体是伏羲族神话，所以日神羲和、月神常羲均有"羲"字。昆仑神话源于伏羲族的创世神话，并被黄帝族、东夷族、南蛮族接受，成为华夏民族共享的核心神话。

一　上古昆仑台：从"混沦"到"昆仑"

上古伏羲族既用葫芦盛水、装物，又制作了大量的葫芦形陶器，于是把葫芦视为宇宙模型，以其上下二球象征天球、地球和日球、月球，认为葫芦可以囊括整个宇宙，而且男祖伏羲氏、女祖女娲氏全都诞生于葫芦。伏羲族称葫芦为"囫囵"，创世神话为"囫囵说"，天文理论为"混沦说"，"囫囵与混沦同义"（《康熙字典》）。伏羲族的天文理论"混沦说"（浑天说），又是伏羲族天文台"昆仑台"得名的由来："混沦"去水即"昆仑"，"昆仑"加水即"混沦"。

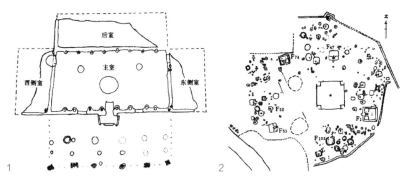

图1　1甘肃大地湾昆仑台，2陕西姜寨昆仑台

考古发现的伏羲族昆仑台，见于伏羲族祖地甘肃天水大地湾，又见于东扩伏羲支族的陕西临潼姜寨（图1），均为亞形三层建筑"昆仑台"：底层是酋长的居室"樊桐"，中层是祭祖的宗庙"阆风"，中层的屋顶平台是观天的"悬圃"（证见《山海经》、《楚辞》、《淮南子》、《水经注》所引佚书《昆仑说》等）。亞形标示东西南北，便于观测天象，判断二分二至。

伏羲族于先仰韶一千年（前6000—前5000），在甘肃天水大地湾文化发祥；于仰韶两千年（前5000—前3000）和龙山一千年（前3000—前2000），从黄河上游扩张到黄河中下游，辐射华夏全境，于是伏羲族的亞形三层昆仑台，东传玉器三族。长城以北、红山文化区域的黄帝族，黄河下游、大汶口文化区域的东夷族，长江下游、良渚文化区域的南蛮族，全都仿建了昆仑台（图2），三层结构始终不变，亞形则变异为方形。

玉器三族的四方三层昆仑台，兼有三大功能：第一功能"观天"，是

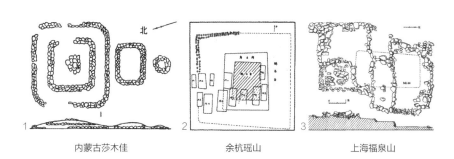

内蒙古莎木佳　　　　余杭瑶山　　　　上海福泉山

图2　玉器三族四方三层昆仑台

为天文台。派生出第二功能"祭天"，是为宗教祭坛。派生出第三功能"升天"，是为酋长陵墓。

二　中古昆仑台：从"昆仑"到"明堂"

中古夏商周承袭上古伏羲族的亚形三层昆仑台，建造了亚形三层"明堂"：底层是天子行政的"宣室"，中层是祭祀先王的"宗庙"，顶层是观测天象的"灵台"。中层的宗庙，又名"重屋"、"通天屋"。底层通往中层、顶层的楼梯，专名"昆仑道"（《史记·封禅书》），是中古"明堂"承袭上古"昆仑台"的硬证。

明堂、宗庙、灵台属于同一建筑，历代学者已经反复论证，此举三例。

蔡邕《明堂月令论》："取其宗庙之清貌，则曰清庙。取其正室之貌，则曰太庙。取其堂，则曰明堂。取其四门之学，则曰太学。取其周水圆如璧，则曰辟雍。异名而同实，其实一也。"

卢植《礼记注》："明堂，即太庙也。天子太庙，上可以望气，故谓之灵台；中可以叙昭穆，故谓之太庙；圆之以水似璧，故谓之辟雍。古法皆同一处，近世殊异，分为三耳。"

阮元《明堂论》："神农氏作，始为帝宫，祀上帝则于是（顶层灵台），祭先祖则于是（中层宗庙），朝诸侯则于是（底层宣室），此古之明堂也。……异名同地。"

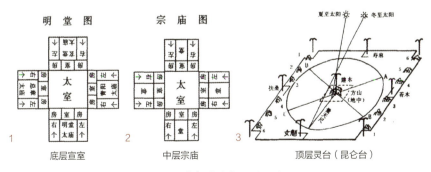

图 3　夏商周明堂亚形三层

明堂、宗庙、灵台均为亞形（图3），也被现代学者王国维《明堂庙寝通考》、吕思勉《中国制度史·宫室》、陆思贤《神话考古》等反复论证。

百年以来的辉煌考古，又提供了明堂、宗庙、灵台属于同一亞形建筑的系统实证。

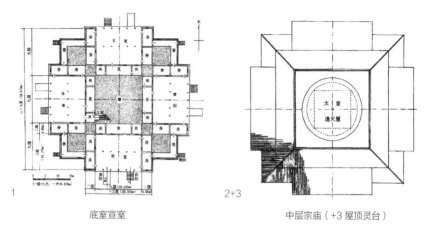

底室宣室　　　　　　　　　　　　中层宗庙（+3屋顶灵台）

图 4　西周明堂

2001年，杨鸿勋出版《宫殿考古通论》，综合文献证据和考古证据，复原了西周明堂的底层宣室和中层宗庙（图4），但未言及中层宗庙的屋顶平台实为"灵台"。

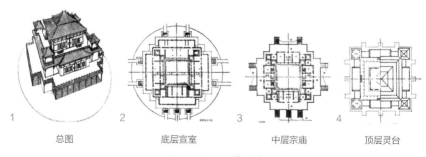

总图　　　　　底层宣室　　　　中层宗庙　　　　顶层灵台

图 5　西汉王莽明堂

1959年，陕西长安南郊大土门遗址发现了西汉末年王莽时代建造的亞形三层明堂（图5）。

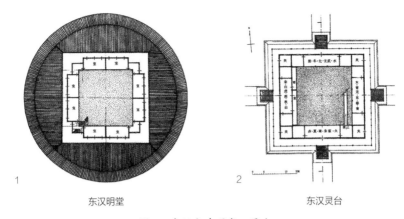

東漢明堂　　　　　　　　　　　　　東漢灵台

图6　东汉分建明堂、灵台

　　1975年，河南洛阳南郊发现了东汉光武帝分建两处的明堂、灵台（图6），证实了东汉卢植所言"近世殊异，分为三耳"。光武帝为了对"篡汉奸贼"王莽的全面复古"拨乱反正"，把明堂（宣室）、宗庙、灵台分建三处，每处仍是亞形三层。

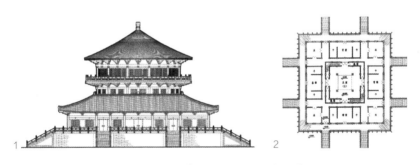

图7　北魏明堂：1立面图，2平面图

　　1995年，山西大同平城遗址发现了北魏孝文帝的亞形三层明堂（图7），证实了北魏郦道元《水经注》的记载。孝文帝重建作为华夏文明核心标志的明堂，是其主动汉化的重要举措，为了原汁原味地学习华夏文明，甚至自居北魏是华夏文明的正宗传承者，没有采用明堂（宣室）、宗庙、灵台分建三处的东汉"新制"，而是恢复了宣室、宗庙、灵台合建一处的夏商周"古制"。

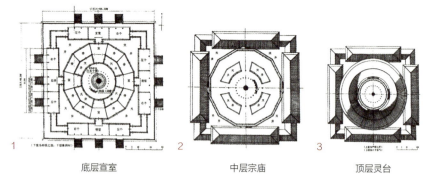

| 底层宣室 | 中层宗庙 | 顶层灵台 |

图 8　河南洛阳：唐代武则天明堂

1986年，河南洛阳唐城遗址又发现了唐代武则天的亞形三层明堂（图8）。由于不承认北魏是华夏文明的正宗传承者，于是承袭东汉"新制"，又把明堂（宣室）、宗庙、灵台分建三处，每处仍是亞形三层。

其他旁证还有无数，详见拙著《伏羲之道》、《玉器之道》。

三　《山海图》《山海经》的"昆仑"结构

中古夏商周不仅承袭了上古伏羲族的昆仑台，而且把昆仑台的亞形作为宇宙模式，向下投射为大地模式和人间模式。于是先把明堂的亞形十二室，放大为京城的亞形十二门，对应四季十二月；再放大为亞形的九州图（图9）。昆仑台的亞形结构，遂成覆盖天、地、人的华夏第一图式。

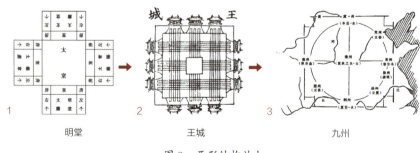

| 明堂 | 王城 | 九州 |

图 9　亞形结构放大

华夏文化先有上古之图，后有中古之书。夏商周时期图、书并存，合称"图籍"、"图书"。《山海图》十八图，变成《山海经》十八卷，只是把"图"转写为"书"，亚形昆仑结构不变:《山经》五卷，植根于五藏山经图。《海经》十三卷，植根于海内四方图、海外四方图、大荒五方图。

《山海图》既把亚形的昆仑结构辐射至囊括"海内"、"海外"、"大荒"的全部天下，又摹画了遍布华夏全境的四方三坛"昆仑墟"、"昆仑之丘"，于是"昆仑"成了《山海经》的第一关键词，"昆仑"神话成了华夏神话的核心神话。

四 《山海经》的"昆仑"神话

《山海经》的"昆仑"神话，至此水落石出。

其一，为何《山海经》称昆仑台为"昆仑墟"、"昆仑之丘"？

《山海经》的昆仑台专名，是"昆仑虚"，"虚"通"墟"。自然山体不能称"墟"，人工建筑才能称"墟"，比如河南淮阳的"太昊之墟"，山东曲阜的"少昊之墟"，山西夏县的"夏墟"，河南安阳的"殷墟"。所以"昆仑墟"不可能是自然山体，只可能是人工建筑。

《山海经》的昆仑台别名，是"昆仑之丘"。"丘"虽指"山"，"昆仑"却非山名，因为"昆仑"与"丘"中间，加了一个"之"字，意为"建有昆仑墟之山丘"。正因上古华夏四族和中古夏商周三代在很多山丘之顶建造了大量昆仑台，所以《山海经》所记"昆仑墟"、"昆仑之丘"多达二十余处，遍布华夏全境。

历代学者无视"昆仑墟"之"墟"只能指人工建筑，无视"昆仑之丘"不能等同于"昆仑丘"，更不能等同于"昆仑山"，而把《山海经》所言"昆仑墟"、"昆仑之丘"全都视为自然山体，于是错误认为"昆仑者，高山皆得名之"。(毕沅《山海经注》)

其二，为何《山海经》的"昆仑墟"、"昆仑之丘"、帝王陵墓均为四方三层？

昆仑墟在其东，墟四方。一日在歧舌东，为墟四方。（《山海经·海外南经》）

共工之台，台四方。隅有一蛇，虎色，首冲南方。（《山海经·海外北经》）

帝尧台、帝喾台、帝丹朱台、帝舜台，各二台，台四方，在昆仑东北。（《山海经·海内北经》）

"共工"是伏羲族天文历法官的官名，"共工之台"正是伏羲族的昆仑台。

"帝尧台"、"帝喾台"、"帝丹朱台"、"帝舜台"，都是"炎黄之战"征伐神农族的黄帝族酋长专用陵墓。上古玉器三族的四方三层昆仑台，兼为宗教祭坛和历代酋长的公共墓地。黄帝族征服神农族期间，部落酋长升级为国家君王，于是按照四方三层的昆仑台形制，建造了一人一陵的专用陵墓，各有两个"封土堆"，一是君王墓，二是陪葬墓。

成山四方而三坛，其上多金玉。会稽之山四方，其上多金玉。（《山海经·南山经》）

太华之山，削成而四方。有蛇焉，名曰肥遗。（《山海经·西山经》）

大咸之山，是山也四方。有蛇，名曰长蛇。（《山海经·北山经》）

自然山体多有三层，但是极少四方形，更不可能遍布华夏的大量自然山体都是四方三层。因此《山海经》所言"四方三坛"，都是建有四方三层昆仑台的山丘。

《山海图》画有遍布华夏全境的四方三层昆仑台，图上注有文字。注文"昆仑墟"、"昆仑之丘"，标示山顶建有昆仑台。注文"成山"、"会稽之山"，标示昆仑台所建之山。《山海经》撰者错误理解了《山海图》作者的命义，记为"是山也四方"，误导后世两千年。

其三，为何《山海经》的所有"昆仑墟"上均有"扶木"、"若木"、"建木"、"寻木"？

汤谷上有扶木，一日方至，一日方出，皆载于乌。(《山海经·大荒东经》)

汤谷上有扶桑，十日所浴，在黑齿北。居水中，有大木，九日居下枝，一日居上枝。(《山海经·海外东经》)

建木，在窫窳西弱水上。(《山海经·海内南经》)

大荒之中，有衡石山、九阴山、洞野之山，上有赤树，青叶赤华，名曰若木。(《山海经·大荒北经》)

寻木长千里，在拘缨南，生河上西北。(《山海经·海外北经》)

"扶木"或"扶桑"是昆仑台正东的表木，"建木"是昆仑台中心的表木，"若木"是昆仑台正西的表木。"扶木"乃言表木须用矩尺扶正，使之垂直于地面。"建木"乃言表木是人工所建之木，并非天然之木。"若木"乃言表木如若天然之木，亦非天然之木。

从上古伏羲族到中古夏商周，表木的标准高度均为八尺。八尺等于一寻，所以表木又名"寻木"，"寻木长千里"属于神话表述。

其四，为何《山海经》称"昆仑墟"为"帝之下都"？

海内昆仑之墟在西北，帝之下都。(《山海经·海内西经》)

昆仑之丘，是实惟帝之下都，神陆吾司之。(《山海经·西山经》)

昆仑月精，水之灵府；惟帝下都，西老之宇。(《山海经图赞》)

建木在都广，众帝所自上下，日中无影，呼而无响，盖天地之中也。(《淮南子》)

伏羲族在昆仑台上用圭表测影，把无法测量的天上太阳位置，转化为可以测量的地面圭影，成为"天帝下凡"的可见形式，昆仑台遂成"帝之下都"。昆仑台中心的"建木"，遂成"众帝所自上下"的天柱。"建木日中无影"属于神话表述，每日正午仅是圭影最短，并非没有圭影。

其五，为何《山海经》的所有"昆仑墟"外均有"弱水"？

昆仑之丘，其下有弱水之渊环之……有人戴胜，虎齿，有豹尾，穴处，名曰西王母。(《山海经·大荒西经》)

昆仑……又有弱水周回绕匝。(《海内十洲记》)

昆仑之墟……其外绝以弱水之深。(《搜神记》)

昆仑之弱水，鸿毛不能起。(《玄中记》)

昆仑其高二千五百余里，日月所相避，隐为光明也。其上有醴泉、瑶池。(《禹本纪》)

乙丑，天子觞西王母于瑶池之上。(《穆天子传》)

"弱水"的神话解释，是浮力极弱，羽毛下沉。这一神话解释，植根于伏羲族希望村落之外（昆仑台外）的环濠之水，浮力极弱，可以淹死入侵住地的野兽和敌人。

"弱水"及其别名"醴泉"、"瑶池"，又涉及了伏羲族"昆仑"神话派生的"西王母"神话，亦即神话化的"女娲氏"。"西王母"神话又派生出"蟠桃宴"、"不死药"、"嫦娥奔月"等等神话。因为"昆仑"神话是华夏神话的核心神话，"昆仑"之谜是华夏文化的核心奥秘。

"昆仑其高二千五百余里"属于神话表述。无论是上古至中古的昆仑台，还是建有昆仑台的自然山体，都不可能高达二千五百余里。作为华夏神话核心的"昆仑"，并非汉武帝时代命名的华夏西北自然山体，而是植根昆仑台，沟通天地人，位于华夏神话世界中央的"昆仑"神山。

"昆仑"神话一旦解密，大部分华夏神话均可迎刃而解。

2017年4月18—29日

（本文刊于《文汇报》2017年5月12日）

第七章

元代银匦的萨满教至高神"长生天"

一年一度的伦敦春拍，开幕在即。

伦敦邦瀚斯（Bonhams）拍卖行，这一季为全球买家准备了一场真正的豪门盛宴。伦敦新邦德街的邦瀚斯拍卖行总部，将于 2021 年 5 月的第二周推出三场中国艺术品拍卖。

推荐有兴趣的朋友入手其中一件：元代银刻花匦，长 26 厘米，价格 8 万—12 万英镑。

▲元代刻花银匦

我的一位朋友认为，此件约当十三世纪后半叶，属于蒙哥汗时期。

简述推荐理由如下——

▲流部侧壁：
长生天神徽

▲流部内底：
三兔共耳图

▲马家窑文化：
天帝（陶杯）

▲仰韶文化：
天帝（刻符）

其一，银匜内底中心的三兔共耳图，又见敦煌莫高窟藻井，藻井位于天顶中心，对应天心。三兔象征北极天心的三垣。中心一点，即北极帝星，俗称"紫微星"。

其二，银匜流部下方内壁之神徽，当为蒙古族萨满教的至高神"长生天"，全同五千年前甘肃永昌鸳鸯池的马家窑文化天帝造型，陕西临潼姜寨的仰韶文化天帝刻符。所以此件的正确命名应为：元代长生天银匜。

▲甘肃天水大地湾：
　天帝（先仰韶期）

▲陕西铜川前旽：
　天帝（仰韶期）

▲周代大武戚：天帝

其三，马家窑文化天帝造型、仰韶文化天帝刻符的共同源头，是八千年前伏羲族祖地甘肃天水大地湾的天帝造型。

其四，陕西铜川前旽的伏羲族天帝是一手举日、一手举月。湖北出土周代大武戚的万舞天帝是一足踩日、一足踩月。均证其为天帝。

▲商代中期万舞铜鼓：天帝

▲商代晚期万舞石扁：天帝

其五，湖南出土商代中期万舞铜鼓上的天帝是一足饰龙，一足饰鱼，龙为苍龙七宿，鱼为鱼星。河南安阳出土商代晚期万舞石磬上的天帝，造型相同，省略龙、鱼。

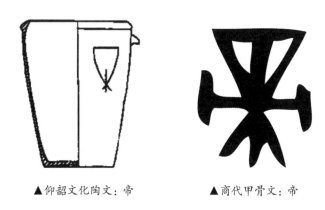

▲仰韶文化陶文：帝　　　　　　▲商代甲骨文：帝

其六，汝州洪山庙的仰韶文化陶文"帝"字，商代的甲骨文"帝"字，都是天帝图像的文字化。

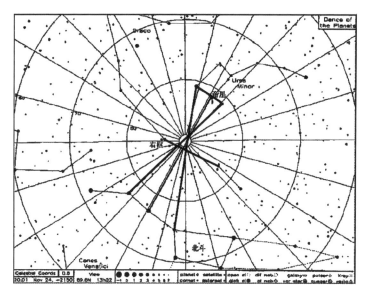

▲北极天象连线："帝"形

其七，先仰韶期至仰韶期的上古天帝图像，仰韶文化的上古陶文"帝"字，商周时期的中古"帝"字，共同的终极源头是北极天象的连线。

其八，十三世纪元代蒙古族萨满教的至高神"长生天"造型，与八千年前的伏羲族天帝造型完全一致，都是华夏全境共同尊奉的至高神"北极天帝"，亦即《尚书》、《诗经》所言"昊天上帝"。

其九，伏羲学将来必为世界学，此件拍品如果拍下自藏，未来升值空间巨大。如果捐赠中国国家博物馆，则是华夏文化伟大复兴的重要证物。

详尽论证从略，有兴趣者请读拙著伏羲学三书《伏羲之道》、《玉器之道》、《青铜之道》。

2021年5月5日
（本文刊于微信公众号庄子江湖2021年5月6日）

第八章

冬至为何如此重要

冬至日的微信朋友圈，很多朋友转发了关于"冬至"的各种文章。这些文章大致都有两个错误观点：一是冬至始于春秋时代，二是吃饺子是为了纪念张仲景，均属以讹传讹。而其共同致命伤，就是都没讲清"冬至"为何如此重要，以及始于何时。

"冬至"的重要性，有二。

其一，冬至日是太阳历的起计点。因为夏至以后，太阳从北回归线上空逐日南移，于冬至日抵达南回归线上空，此后折返，逐日北归，所以中国太阳历从冬至子时以后起计，以伏羲六十四卦的复卦初爻计之，谓之"一阳来复"。

中国太阳历，始于春秋以前五千五百年、夏代以前四千年的伏羲族祖地——甘肃天水大地湾（前6000），距今八千年。历法名是"伏羲连山历"。

其二，冬至日是阴阳合历"十九年七闰"的起计点，即"朔旦冬至"。

中国阴阳合历，始于春秋以前两千年、夏代以前五百年的神农族新都山西陶寺，距今四千五百年。历法名是"神农归藏历"。

解释一下中国阴阳合历的起计点"朔旦冬至"。

《史记·五帝本纪》："黄帝迎日推策……顺天地之纪。"所言"顺天地之纪"，即为天地互动的纪历之法。

《史记·孝武本纪》："黄帝迎日推策，后率二十岁，得朔旦冬至。凡二十推，三百八十年。"所言"推策"，即以伏羲六十四卦为历法计算尺（内圈 60 卦 360 爻计 360 日，外圈 4 卦计 5 日或 6 日），先计算太阳历，再换算为太阴历。太阳历、太阴历的最小公倍数是十九年 6940 日，必须在阴阳合历的太阴历中增设七个太阴历朔望月，两者才能合一。史称"十九年七闰"，"十九年天道循环"。所言"一推"，即推算一次"十九年七闰"；第二十年，太阴历"朔旦"与太阳历"冬至"相合，重新开始下一推。所言"二十推"，即推算二十次"十九年七闰"，共计"三百八十年"一百四十闰。

"朔旦"（初一）是太阴历概念，"冬至"是太阳历概念。每过十九年，太阳历冬至子时以后（旦），即太阴历初一（朔）。这一重要时刻，叫作"交子"，意为太阳历、太阴历的起计点，交于冬至子时。

中国阴阳合历的根本性时刻"交子"，必须祭祀祖先。祭祀之时，必须供奉纪念创造阴阳合历的伟大祖先"伏羲神农"的神圣食物。这一神圣食物，称为"饺子"。

没有中国阴阳合历之祖"神农归藏历"，就不可能有黄帝族的阴阳合历"古六历"：黄帝历、颛顼历、夏历、商历、周历、鲁历。

"黄帝"晚于"伏羲"四千年，晚于"神农"五百年。"黄帝"以降，夏商周三代的历法，秦汉至今的历法，都是继承"神农归藏历"的阴阳合历：夏历"正月建寅"，商历"正月建丑"，周历"正月建子"，秦历"正月建亥"。汉武帝时的太初历，恢复"神农归藏历"的"正月建寅"，直至今日。

所谓"正月建寅"，意为"太阴历正月，建于太阳历寅月"，即"冬至所在月"（子月）后二月（寅月）。

所谓"正月建丑"，意为"太阴历正月，建于太阳历丑月"，即"冬至所在月"（子月）后一月（丑月）。

所谓"正月建子"，意为"太阴历正月，建于太阳历子月"，即"冬至所在月"（子月）。

所谓"正月建亥"，意为"太阴历正月，建于太阳历亥月"，即"冬至所在月"（子月）前一月（亥月）。

不能测定太阳位于南回归线上空的太阳历起计点"冬至"，就不可能有太阳历。没有太阳历，就不可能换算为太阴历。不用太阳历换算为太阴历，就不可能编制出太阳历为本质、太阴历为表象的阴阳合历。

中国阴阳合历的表象是太阴历，月初为朔日（新月），月中为望日（圆月），月末为晦日（残月）。

中国阴阳合历的本质是太阳历，必标太阳历二十四节气（至迟始于公元前4000年的仰韶中期，早于夏代两千年，早于春秋时代三千五百年），因为万物生长靠太阳，不靠月亮。只有根据太阳历节气科学种地，不误农时地春耕、夏种、秋收、冬藏，中华民族才能抵达全球范围内的农业文明顶峰。

太阳历一年十二月，等分即为二十四节气，一节气十五日。其中第一重要的节气，是太阳历起计点"冬至"、阴阳合历起计点"朔旦冬至"。第二重要的节气，是太阴历"正月"必含的太阳历节气"立春"，因为农耕社会的命脉是"一年之计在于春"。

《庄子·逍遥游》所言鲲化为鹏，鹏鸟冬至起于北溟，然后图南，去以六月息，夏至达于南溟，故称达人为至人。至字，兼扣冬至、夏至。鲲鱼化为鹏鸟，自北至南之迹，对应伏羲太极图之阳鱼。

▲河南洛阳伊川土门：仰韶中期伏羲族二十四节气图

饺子外形似月，象征阴阳合历的太阴历表象。饺子内馅为日形，象征阴阳合历的太阳历本质。所以阴阳合历起计点"朔旦冬至"的交子之时，必须吃饺子。饺子的标准褶子，应为十二，标示一年十二月。河南洛阳伊川土门出土的二十四节气图，实为摊开的饺子皮＋中间的饺子馅。沿中间的垂直线对折，即为饺子，可以立刻下锅！

2015年12月22日冬至
（本文刊于微信公众号庄子江湖2015年12月22日）

第九章

二十四节气唯一正解

喜闻中国阴阳合历所含太阳历二十四节气，于2016年11月30日被联合国教科文组织列入世界非遗名录，即按伏羲象数原理，新画二图志庆。

其一，伏羲先天八卦二十四节气太极象数图（图1）：一爻计一节气，二十四爻计二十四节气。

图 1 伏羲先天八卦二十四节气太极象数图（张远山原创）

神农归藏历以二十四节气之"立春"为新年之始，始于东北震卦。

图中心是伏羲先天八卦的卦象合集，呈太极形。

太阳历二十四节气在阴阳合历中的位置，见于《阴阳合历之太阳历二十四节气表》。

太阳历	太阴历	上半年六月		太阳历	太阴历	下半年六月	
子月	十一	冬至	小寒	午月	五月	夏至	小暑
丑月	十二	大寒	立春	未月	六月	大暑	立秋
寅月	正月	雨水	惊蛰	申月	七月	处暑	白露
卯月	二月	春分	清明	酉月	八月	秋分	寒露
辰月	三月	谷雨	立夏	戌月	九月	霜降	立冬
巳月	四月	小满	芒种	亥月	十月	小雪	大雪

▲阴阳合历之太阳历二十四节气表

其二，伏羲十二辟卦七十二物候太极象数图（图2）：一卦计一月二节气，十二卦计十二月二十四节气；一爻计一物候，七十二爻计七十二物候。

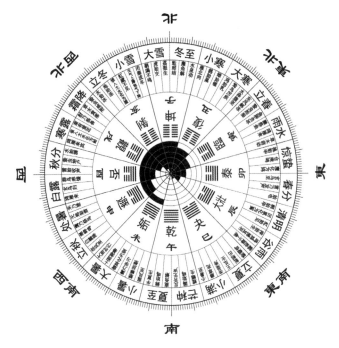

图2　伏羲十二辟卦七十二物候太极象数图（张远山原创）

神农归藏历以太阳历第三月"寅月"，为阴阳合历之"正月"，谓之"正月建寅"。太阳历第一月为"子月"，第二月为"丑月"，详见图2十二地支。

图中心是伏羲十二辟卦的卦象合集，呈太极形。

中国阴阳合历"正月建寅"，始于太阳历寅月、太阴历正月、二十四节气之"立春"前后。三等分二十四节气之七十二物候，完整反映了春生、夏长、秋收、冬藏的景物变化，见下《七十二物候表》。

节气	一候	二候	三候
立春	东风解冻	蛰虫始振	鱼陟负冰
雨水	獭祭鱼	鸿雁来	草木萌动
惊蛰	桃始华	仓庚鸣	鹰化为鸠
春分	玄鸟至	雷乃发声	始电
清明	桐始华	田鼠化为鴽	虹始见
谷雨	萍始生	鸣鸠拂其羽	戴胜降于桑
立夏	蝼蝈鸣	蚯蚓出	王瓜生
小满	苦菜秀	靡草死	小暑至
芒种	螳螂生	鵙始鸣	反舌无声
夏至	鹿角解	蜩始鸣	半夏生
小暑	温风至	蟋蟀居壁	鹰乃学习
大暑	腐草化为萤	土润溽暑	大雨时行
立秋	凉风至	白露降	寒蝉鸣
处暑	鹰乃祭鸟	天地始肃	禾乃登
白露	鸿雁来	玄鸟归	群鸟养羞
秋分	雷始收声	蛰虫培户	水始涸
寒露	鸿雁来宾	雀入大水化为蛤	菊有黄花
霜降	豺乃祭兽	草木黄落	蛰虫咸俯
立冬	水始冰	地始冻	雉入大水化为蜃
小雪	虹藏不见	天气上腾地气下降	闭塞成冬
大雪	鹖鴠不鸣	虎始交	荔挺生
冬至	蚯蚓结	麋角解	水泉动
小寒	雁北向	鹊始巢	雉始雊
大寒	鸡始乳	鸷鸟厉疾	水泽腹坚

▲七十二物候表

以下简述中国二十四节气、七十二物候的来源。

八千年前伏羲族祖地甘肃天水大地湾一期（前6000）的伏羲连山历，

已经蕴含中国太阳历的二十四节气。

伏羲连山历以东七山、西七山为太阳东升西落的地面坐标,《山海经》记载了伏羲连山历的东西七山之名（见《伏羲连山历、神农归藏历原理图》）。

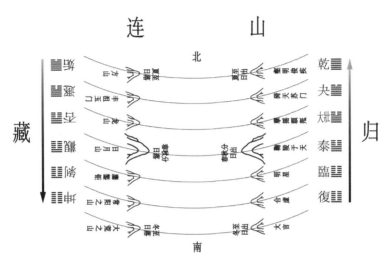

图 3　伏羲连山历、神农归藏历原理图（张远山原创）

图 4　河南洛阳伊川土门:
伏羲连山历二十四节气图

上半年的太阳东升点、西落点，从最南之山向最北之山，逐月北移，共历六谷，谓之太阳北归。

下半年的太阳东升点、西落点，从最北之山向最南之山，逐月南移，共历六谷，谓之太阳南藏。

七山之间的六谷，对应半年六月。每谷V形二分，六谷十二分，对应半年十二节气。上下半年各七山六谷，合计十二月二十四节气。

仰韶文化时期（前5000—前3000）的伏羲族，已经出现了伏羲连山历的二十四节气图，见于河南洛阳伊川土门的彩陶（图4）。

图中心是北极天枢，圆周是太阳黄道，合为太阳绕极图，简称"太极图"。

东西倒影山，分出上下半年，是为"两仪图"。

两仪山与圆周的太阳黄道相交，分出一年四季，呈四眼形，眼珠即太阳，是为"四象图"。

一象六花瓣，分出每季三月六节气。合计四季十二月二十四节气，是为"二十四节气图"。

仰韶时期的伏羲族又把伏羲连山历的二十四节气予以三等分，于是出现了七十二物候图，见于河南郑州大河村出土的彩陶（图5）。

器肩六组对顶山，山顶红点即太阳。合计十二山，标示一年十二月。

图5 河南郑州大河村：
伏羲连山历七十二物候图

器颈三组"睫毛纹"（从图4的"眼形纹"化出），每组二十四线，合计七十二线，标示七十二物候。

以上二图证明（更多考古证据详见《伏羲之道》），距今六七千年的仰韶时期，中国已有二十四节气、七十二物候。

战国秦汉的《管子》、《吕氏春秋》等书，记载了二十四节气中的主要节气。《周髀算经》、《淮南子》等书，完整记载了二十四节气，但比仰韶时期的二十四节气纹、七十二物候纹，晚了四千多年。传为周公所作的《逸周书》，完整记载了二十四节气、七十二物候。——汉景帝前，惊蛰在雨水之前。汉景帝时，调整为今序。本文均从今序。

龙山文化（前3000—前2000）晚期的公元前2361年，中国阴阳合历的鼻祖"神农归藏历"正式诞生（图6），其中已含太阳历的二十四节气、七十二物候。

图 6　神农归藏历分卦值日图（张远山原创）

神农归藏历以伏羲六十四卦的卦象和卦爻，分卦值日全年历法。

图中心是伏羲六十四卦的卦象合集，即伏羲太极图（详见《伏羲之道》）。

龙山文化末期，中国第一王朝夏朝建立，夏历承袭神农归藏历，仍然"正月建寅"，以二十四节气之"立春"为新年之始。

夏商周以后的中国阴阳合历，无不承袭龙山时代的神农归藏历，均含太阳历的二十四节气、七十二物候。

2016年12月2日

（本文刊于微信公众号庄子江湖2016年12月10日）

第十章

周礼六玉植根天文

在近代遭遇重大挫折以后，经过数代国人的卧薪尝胆和仁人志士的前仆后继，中国文明终于一阳来复，否极泰来。于是在中华帝国终结一百多年以后，传统文化重新复兴，很多国人从传统知识的ABC开始，从头扫盲，重新补课，包括四书五经，琴棋书画，古董文玩，等等。《国宝档案》《国家宝藏》类电视节目相继霸屏，鉴宝收藏、考古发现类相关图书持续热销。

不过这些扫盲类、普及类电视节目和相关图书，大多只能告诉你早已陌生的传统文化之然，无法告诉你传统文化背后的所以然。因为汉代以来两千年的"罢黜百家，独尊儒术"，导致儒家学者高居庙堂之上，独霸话语权两千年，成为传统文化的主要表述者和官方发言人。儒家以外的道家表述者，大多隐于山林市井，古代民众难以听到，今日大众仍然难以听到。

儒家出于礼官，道家出于史官（天文官）。儒家体系仅是中国文明的表象之然，如同浮出海面的八分之一冰山。道家体系则是中国文明的深层所以然，如同海面之下的八分之七冰山。

儒家祖师孔子，与道家祖师老子同时。老子大约比孔子年长十岁到二十岁，又任职于天子之朝，是东周朝的史官，精通天文历法，熟知道、德、礼、法，所以老子才说："失道而后德，失德而后仁，失仁而后义，失义而后礼，夫礼者，忠信之薄而乱之首。"

孔子曾经从鲁至周，向老子问礼。熟知三代之礼的孔子，向老子所问，并非礼之然，而是礼之所以然，即道。

早年孔子，只讲诗书礼乐，从不讲易，更不讲道。晚年孔子，五十而学易，又在老子那里闻道，所以才说："朝闻道，夕死可矣。"但是晚年孔子尽管学易颇有心得，又在老子那里闻道，仍然极少讲易讲道，所以孔子晚年弟子、比孔子小三十一岁的子贡仍说："夫子之言性与天道，不可得而闻也。"

《庄子·天运》如此记载孔子向老子问礼：

> 孔子谓老聃曰："丘治《诗》《书》《礼》《乐》《易》《春秋》六经，自以为久矣，熟知其故矣；以干者七十二君，论先王之道，而明周召之迹，一君无所钩用。甚矣夫！人之难说也？道之难明邪？"
>
> 老子曰："幸矣，子之不遇治世之君也！夫六经，先王之陈迹也，岂其所以迹哉？今子之所言，犹迹也。夫迹，履之所出，而迹岂履哉？"

老子用鞋子、鞋印、走路，做了一个整体比喻：古人穿着鞋子，行于其道，必会留下鞋印。今人探求古人所行之道，不能止于观察古人的鞋印，只有找到古人的鞋子，才能进窥古人之道。正如仅仅发现窃贼的鞋印，距离抓到窃贼尚远；找到留下鞋印的鞋子，距离抓到窃贼已近。人文之礼仅是鞋印，天文之道才是鞋子，天文之道是人文之礼的终极依据。

比如《周礼》记载了祭祀天地四方的六种玉器：

> 以玉作六器，以礼天地四方。
>
> 以苍璧礼天，以黄琮礼地，以青圭礼东方，以赤璋礼南方，以白琥礼西方，以玄璜礼北方。

这是古代文献留下的鞋印，现代考古也找到了留下鞋印的鞋子，璧、琮、圭、璋、琥、璜，应有尽有，但是古代文献、现代考古的双重证据，只能证明祭天六玉的确凿存在，不会显示祭天六玉的天文来源。

中国第一代考古学家郭宝钧（1893—1971）所著《古玉新诠》，揭破了祭天六玉的天文来源。

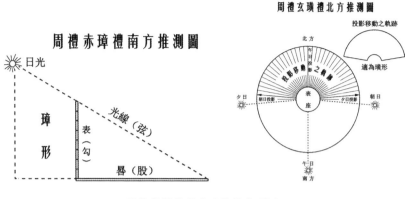

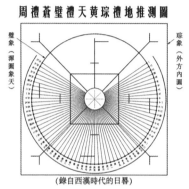

▲祭天六玉植根于圭表测影

郭宝钧认为，玉璋的上端斜切，取自圭表测影的太阳入射角度。玉璜的扇形，取自圭表测影的圭影集合。玉璧的圆形，取自日晷的内圆。玉琮的内圆外方，兼取日晷的内圆和外方。

再如《周礼》又记载了区分爵位高低的六种玉瑞：

以玉作六瑞，以等邦国。

王执镇圭，一尺二寸。公执桓圭，九寸。侯执信圭，七寸。伯执躬圭，七寸。子执谷璧，五寸。男执蒲璧，五寸。

这是古代文献留下的鞋印，现代考古也找到了留下鞋印的鞋子，四种玉圭，两种玉璧，一应俱全，但是古代文献、现代考古的双重证据，只能证明爵位六瑞的确凿存在，不会显示爵位六瑞的天文来源。

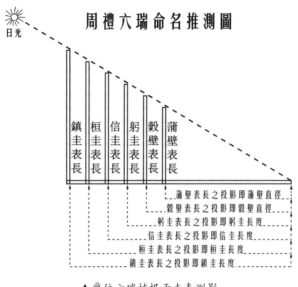

▲爵位六瑞植根于圭表测影

郭宝钧《古玉新诠》再次揭破了爵位六瑞的天文来源：六瑞的不同尺寸，全都取自圭表测影的太阳入射角度。

圭表测影是上古伏羲族发明的中国天文学根本方法，所以祭天六玉的形制和爵位六瑞的尺寸，全都源于圭表测影。

郭宝钧先生的科学解密充分证明：古人的制作无一妄作，天文之道是人文之礼的终极依据。但是文献和考古不会直接显示历史之然背后的所以然，因为君王统治的要义是"民可使由之，不可使知之"。

现代人即使把古代经典背得滚瓜烂熟，也已用处不大。因为传统知识大多早已过时，比如现代人不再信仰北极天帝和北斗猪神，不再万舞祭天，不再使用六玉祭祀天地四方，不再使用六瑞标示等级高低。但是现代人仍然很有必要了解古代经典背后的中国之道。因为"人文植根天文，人道顺应天道"的中国之道，永远不会过时，必将万世长存。

伏羲学对上古图像的初步探索，已经充分证明：文字发明以前，人类用图像思考一切，表达一切。文字发明以后，人类才改用文字思考一切，表达一切。上古图像是中古文字的源代码，上古图像思维是中古文字思维的先导，上古图像文化是中古文字文明的母体。

一切民族的文字史之前，都有漫长的图像史，时间长度不短于文字史，甚至长于文字史。如果不能解密上古图像的丰富内涵，那么人类文化的起源之谜就会成为永恒之谜，人类也就不能抵达哲学的最高目标"认识你自己"。

其他文明古国的历史，不是早已终结，就是多次中断，解密其上古图像极其困难，至少不能与中古以后的文字史接轨。唯有中国文明从未间断地传承至今，因此中国人拥有全球唯一的独特优势，可以凭借中古文献，解密上古图像，并与中古文字史接轨。

解密中国文字史以前的文化起源、神话起源、宗教起源、国家起源，是解密全人类文字史以前的文化起源、神话起源、宗教起源、国家起源的最佳样本，也是全球唯一的完整样本。所以伏羲学不仅是中国学，也是世界学。

2017年12月17日

（本文刊于微信公众号庄子江湖2018年12月20日）

图片索引

上编　良渚神徽图法解密

第一章　良渚神徽图法解密：天帝骑猪巡天图

1.反山M12：98琮王，浙江省文物考古研究所编《反山》下册43页、上册54页，文物出版社2005年10月版。

2.反山M12：98琮王之神徽，浙江省文物考古研究所编《反山》上册56页，文物出版社2005年10月版。

3.北极天象成因图，张远山原创。

4.北极北斗相对图，张远山原创。

5.良渚神徽对应北极天象，张远山原创。

6.天帝乘斗巡天图（东汉武梁祠），冯时《地下的星空》，《大自然探索》2006年第8期。

7.西水坡M45蚌塑：天帝骑龙巡天，濮阳西水坡遗址考古队著《1988年河南濮阳西水坡遗址发掘简报》，《考古》1989年第12期。

8.妇好墓M5：371玉器：天帝骑龙巡天，中国社科院考古所编《殷墟的发现与研究》341页，科学出版社1994年版。

9.山西曲沃西周晋侯墓地玉雕：天帝骑龙巡天，古方主编《中国出土玉器全集》山西卷115页，科学出版社2005年版。

10.国博藏洛阳西郊战国墓玉雕：天帝骑虎巡天，陈久《洛阳西郊一号战国墓发掘记》，《考古》1959年第12期。

11.战国铜鉴：天帝乘双龙之车巡天，淮安市博物馆编《淮阴高庄战国墓》185页，文物出版社2009年9月版。

12.海外西经：西方蓐收（蒋本），马昌仪著《古本山海经图说》455页，山东画报出版社2001年7月版。

13.九连墩M2：C541玉坠：天帝骑猪巡天，湖北省博物馆编《九连墩：长江中游的楚国贵族大墓》76页，文物出版社2007年9月版。

14-1.甘肃天水王家阴洼北斗猪神彩陶壶，张朋川著《中国彩陶图谱》编号23，文物出版社1995年4月版。

14-2.凌家滩98M29：6猪翅鹰玉雕，安徽省文物考古研究所编《凌家滩玉器》13页，文物出版社2000年11月版。

14-3.牛河梁2冢1墓：北斗猪神玉佩，辽宁省文物考古研究所编《牛河梁》39页，文物出版社2012年11月版。

15.战国曾侯乙墓漆箱画，中国美术全集编辑委员会编《中国美术全集·绘画编》第1卷《原始社会至南北朝绘画》45页，人民美术出版社2006年版。

16.洛阳偃师邙山汉墓壁画：方相氏抱羲和擎日、常羲擎月，曹建强《洛阳新发现一组汉代壁画砖》，《文博》2009年第4期。

第二章　良渚神徽的两大神像解密：北极天帝，北斗猪神

1.反山M12：98琮王，浙江省文物考古研究所编《反山》下册43页、上册54页，文物出版社2005年10月版。

2.反山M12：100钺王，浙江省文物考古研究所编《反山》下册127页、上册66、上册83页，文物出版社2005年10月版。

3.反山M12：103瑁王，浙江省文物考古研究所编《反山》下册130页、上册66、77页，文物出版社2005年10月版。

4.良渚神徽标准图式三例：反山M12：98琮王，反山M12：100钺王，反山M12：103瑁王，浙江省文物考古研究所编《反山》上册56、64、68页，文物出版社2005年10月版。

5.神徽标准图式：反山M22：20璜形玉佩，浙江省文物考古研究所编《反山》下册325页、上册283页，文物出版社2005年10月版。

6-1.神徽简化图式：反山M14：8玉带钩，浙江省文物考古研究所编《反山》下册185页、上册114页，文物出版社2005年10月版。

6-2.神徽简化图式：反山M22：8珩形玉佩，浙江省文物考古研究所编《反山》下册325页、上册283页，文物出版社2005年10月版。

6-3.神徽简化图式：瑶山M2：1玉梳背，浙江省文物考古研究所编《瑶山》220页、35页，文物出版社2003年9月版。

6-4.神徽简化图式：瑶山M10：20玉佩，浙江省文物考古研究所编《瑶山》288页、142页，文物出版社2003年9月版。

6-5.神徽简化图式：瑶山M12：2789征集，浙江省文物考古研究所编《瑶山》316页、183页，文物出版社2003年9月版。

7-1.神徽星象还原图式：反山M15：7玉梳背，浙江省文物考古研究所编《反山》下册201页、上册142页，文物出版社2005年10月版。

7-2.神徽星象还原图式：反山M16：4玉梳背，浙江省文物考古研究所编《反山》下册218页、上册154页，文物出版社2005年10月版。

8-1.上海博物馆藏良渚石钺，张明华《良渚玉璧研究》，《故宫博物院院刊》1995年第1期。

8-2.台湾私人藏良渚玉璧，张明华《良渚玉璧研究》，《故宫博物院院刊》1995年第1期。

8-3.上海冯学锋藏良渚骨雕，张远山摄于上海冯学锋寓所，获得冯学锋授权。

9.北斗猪神标准图式：反山M17：8玉梳背，浙江省文物考古研究所编《反山》下册254页、上册188页，文物出版社2005年10月版。

10-1.北斗猪神简化图式：反山M22：11玉梳背，浙江省文物考古研究所编《反山》下册321页、上册280页，文物出版社2005年10月版。

10-2.北斗猪神简化图式：反山M12：85珩形玉佩，浙江省文物考古研究所编《反山》下册18页、上册32页，文物出版社2005年10月版。

10-3.北斗猪神简化图式：反山M23：67璜形玉佩，浙江省文物考古研究所编《反山》下册348页、上册308—309页，文物出版社2005年10月版。

10-4.北斗猪神简化图式：瑶山M4：34璜形玉佩，浙江省文物考古研究所编《瑶山》234、62页，文物出版社2003年9月版。

10-5.北斗猪神简化图式：瑶山M11：86玉梳背，浙江省文物考古研究所编《瑶山》297页、154页，文物出版社2003年9月版。

11-1.北斗猪神星象还原图式：反山M16：3璜形玉佩，浙江省文物考古研究所编《反山》下册244页、上册162页，文物出版社2005年10月版。

11-2.北斗猪神星象还原图式：瑶山M7：55璜形玉佩，浙江省文物考古研究所编《瑶山》252页、96页，文物出版社2003年9月版。

12.琯王：十二月神玉琯（反山M12：87），浙江省文物考古研究所编《反山》下册21页、上册37页，文物出版社2005年10月版。

13.仰韶伏羲族：十二月神彩陶罐（陕西南郑龙岗寺H23：1），陕西省考古研究所编《龙岗寺》35页，文物出版社1990年版。

14-1.良渚两大神像之三种图式（反山M12：98琮王之神徽），浙江省文物考古研究所编《反山》上册56页，文物出版社2005年10月版。

14-2.良渚两大神像之三种图式（反山M17：8玉梳背），浙江省文物考古研究所编《反山》下册254页、上册188页，文物出版社2005年10月版。

14-3.良渚两大神像之三种图式（反山M22：8珩形玉佩），浙江省文物考古研究所编《反山》上册283页，文物出版社2005年10月版。

14-4.良渚两大神像之三种图式（反山M12：85珩形玉佩），浙江省文物考古研究所编《反山》上册32页，文物出版社2005年10月版。

14-5.良渚两大神像之三种图式（反山M15：7玉梳背），浙江省文物考古研究所编《反山》上册142页，文物出版社2005年10月版。

14-6.良渚两大神像之三种图式（瑶山M11：86玉梳背），浙江省文物考古研究所编《瑶山》154页，文物出版社2003年9月版。

第三章　良渚祭天玉琮的图法解密

1-1、2.乾隆题诗的倒置良渚玉琮（台北故宫博物院藏），台北故宫博物院编《故宫古玉图录》136页，台北故宫博物院1988年版。

2-1.反山M12：98琮王，浙江省文物考古研究所编《反山》下册43页、上册54页，文物出版社2005年10月版。

2-2.反山M12：98琮王图法结构，张远山原创。

3-1.照搬纹样结构（四节玉琮，反山M12：93），浙江省文物考古研究所编《反山》下册29页、上册48页，文物出版社2005年10月版。

3-2.照搬纹样结构（四节玉琮，反山M20：124），浙江省文物考古研究所编《反山》下册290页、上册76页，文物出版社2005年10月版。

3-3.照搬纹样结构（四节玉琮，反山M12：96），浙江省文物考古研究所编《反山》下册34页、上册50页，文物出版社2005年10月版。

4-1.复制 3/4纹样结构（三节玉琮，反山M12：97），浙江省文物考古研究所编《反山》下册44页、上册52页，文物出版社2005年10月版。

4-2.复制 3/4纹样结构（三节玉琮，反山M17：2），浙江省文物考古研究所编《反山》下册258页、上册73页，文物出版社2005年10月版。

4-3.复制 3/4纹样结构（三节玉琮，瑶山2842征集），浙江省文物考古研究所编《瑶山》626页、193页，文物出版社2003年9月版。

5-1.复制 1/2纹样结构（双节玉琮，反山M20：122），浙江省文物考古研究所编《反山》下册285页、上册235页，文物出版社2005年10月版。

5-2.复制 1/2纹样结构（双节玉琮，瑶山M2：22），浙江省文物考古研究所编《瑶山》39页，文物出版社2003年9月版。

5-3.复制 1/2纹样结构（双节玉琮，瑶山M12：2786），浙江省文物考古研究所编《瑶山》彩图578、180页，文物出版社2003年9月版。

5-4.复制 1/2纹样结构（双节玉琮，瑶山M12：2787），浙江省文物考古研究所编《瑶山》彩图579、181页，文物出版社2003年9月版。

5-5.复制 1/2纹样结构（双节玉琮，瑶山M12：2788），浙江省文物考古研究所编《瑶山》彩图580、182页，文物出版社2003年9月版。

5-6.复制 1/2纹样结构（双节玉琮，瑶山M12：2841），浙江省文物考古研究所编《瑶山》彩图627、192页，文物出版社2003年9月版。

5-7.复制 1/2纹样结构（双节玉琮，上海福泉山 M65：50），黄宣佩主编《福泉山》235页、80页，文物出版社2000年10月版。

5-8.复制 1/2纹样结构（双节玉琮，上海福泉山 M9：21），黄宣佩主编《福泉山》248页、89页，文物出版社2000年10月版。

5-9.复制 1/2纹样结构（双节玉琮，江苏武进寺墩 M4：1），常素霞编《中国古代玉器图

谱》77页，金城出版社2013年3月版

5-10.复制1/2纹样结构（双节圆琮，江苏武进寺墩M3：43），古方主编《中国出土玉器全集》江苏卷33页，科学出版社2005年版；南京博物院《江苏常州武进寺墩遗址的发掘》，《考古》1983年第2期。

5-11.复制1/2纹样结构（双节圆琮，江苏花厅M50：9），南京博物院编《花厅：新石器时代墓地发掘报告》274页、151页，文物出版社2003年6月版。

6-1.复制大眼北斗猪神（单节玉琮，瑶山M7：34），浙江省文物考古研究所编《瑶山》彩图189、84页，文物出版社2003年9月版。

6-2.复制大眼北斗猪神（单节圆琮，瑶山M9：4），浙江省文物考古研究所编《瑶山》彩版328、74页，文物出版社2003年9月版。

6-3.复制大眼北斗猪神（单节圆琮，瑶山M10：15），浙江省文物考古研究所编《瑶山》彩版382、75页，文物出版社2003年9月版。

7-1.复制大眼北斗猪神（玉梳背，反山M17：8），浙江省文物考古研究所编《反山》下册彩版254、上册96页，文物出版社2005年10月版。

7-2.复制大眼北斗猪神（玉梳背，反山M22：11），浙江省文物考古研究所编《反山》下册彩版321、上册95页，文物出版社2005年10月版。

7-3.复制大眼北斗猪神（珩形玉佩，反山M12：85），浙江省文物考古研究所编《反山》下册彩版18页彩版48、、上册32页，文物出版社2005年10月版。

7-4.复制大眼北斗猪神（璜形玉佩，反山M23：67），浙江省文物考古研究所编《反山》下册彩版348、上册308页，文物出版社2005年10月版。

7-5.复制大眼北斗猪神（玉镯，吴县张陵山M4：02），南京博物院藏，孔晨等著《中国文物定级图典·一级品》下卷219页，上海辞书出版社1999年12月版；[日]林巳奈夫《所谓饕餮纹表示了什么——根据同时代的资料来论证》，《中国史研究动态》1985年。

8-1.复制小眼北斗猪神（单节玉琮，反山M14：180），浙江省文物考古研究所编《反山》下册彩版452、上册1051页，文物出版社2005年10月版。

8-2.复制小眼北斗猪神（双节玉琮，反山M23：22），浙江省文物考古研究所编《反山》下册彩版344、上册77页，文物出版社2005年10月版。

8-3.复制小眼北斗猪神（双节玉琮，反山M12：92），浙江省文物考古研究所编《反山》下册彩版87、上册46页，文物出版社2005年10月版。

8-4.复制小眼北斗猪神（双节玉琮，瑶山M2：23），浙江省文物考古研究所编《瑶山》彩图44、41页，文物出版社2003年9月版。

8-5.复制小眼北斗猪神（双节玉琮，瑶山M12：2785），浙江省文物考古研究所编《瑶山》彩图577，文物出版社2003年9月版。

8-6.复制小眼北斗猪神（四节玉琮，反山M21：4），浙江省文物考古研究所编《反山》下册彩版1227、上册351页，文物出版社2005年10月版。

9-1.复制小眼北斗猪神：中等良渚玉琮6例（广东石峡出土：5节，13.8厘米），古方主编《中国出土玉器全集》广东卷1页，科学出版社2005年版。

9-2.复制小眼北斗猪神：中等良渚玉琮6例（常熟张桥乡出土：6节，15.8厘米），古方主编《中国出土玉器全集》江苏卷38页，科学出版社2005年版。

9-3.复制小眼北斗猪神：中等良渚玉琮6例（吴县草鞋山出土：7节，18.4厘米），古方主编《中国出土玉器全集》江苏卷39页，科学出版社2005年版。

9-4.复制小眼北斗猪神：中等良渚玉琮6例（江西丰城茶塘乡古县城遗址出土：8节，22.1厘米），古方主编《中国出土玉器全集》江西卷1页，科学出版社2005年版。

9-5.复制小眼北斗猪神：中等良渚玉琮6例（武进寺墩M1出土：8节，22.8厘米），古方主编《中国出土玉器全集》江苏卷40页，科学出版社2005年版。

9-6.复制小眼北斗猪神：中等良渚玉琮6例（良渚长管玉琮），常素霞编《中国古代玉器图谱》81页（原载吴大澂《古玉图考》56页），金城出版社2013年3月版。

10-1.复制小眼北斗猪神：顶级高度良渚玉琮6例（金沙玉琮：10节，22.2厘米），成都文物考古研究所编《金沙》57页，五洲传播出版社2005年11月版。

10-2.复制小眼北斗猪神：顶级高度良渚玉琮6例（首都博物馆藏玉琮：15节,38.2厘米），古方主编《中国传世玉器全集》第1卷45页，科学出版社2010年1月版。

10-3.复制小眼北斗猪神：顶级高度良渚玉琮6例（安徽肥东县张集乡刘岗村出土大汶口文化玉琮：15节，高39.9厘米），古方主编《中国出土玉器全集》安徽卷63页，科学出版社2005年版。

10-4.复制小眼北斗猪神：顶级高度良渚玉琮6例（台北故宫博物院藏良渚玉琮：17节，高47.2厘米），台北宫故博物院官网。

10-5.复制小眼北斗猪神：顶级高度良渚玉琮6例（大英博物馆藏良渚玉琮：19节，49.5厘米），大英博物馆官网。

10-6.复制小眼北斗猪神：顶级高度良渚玉琮6例（瑶山M7玉琮：19节，49.7厘米，上宽6.4厘米，下宽5.6厘米，存世最高良渚玉琮），古方主编《中国传世玉器全集》第1卷36页，科学出版社2010年1月版。

11.恢复正置：乾隆题诗的良渚玉琮，张远山原创。

第四章　良渚威仪玉器的图法解密

1-1.良渚酋长威仪玉冠出土品16件：反山M12三叉玉冠，浙江省文物考古研究所编《反山》下册17页，文物出版社2005年10月版。

1-2.良渚酋长威仪玉冠出土品16件：反山M14：135三叉玉冠，浙江省文物考古研究所编《反山》下册170页，文物出版社2005年10月版。

1-3.良渚酋长威仪玉冠出土品16件：反山M16：3三叉玉冠，浙江省文物考古研究所编《反山》下册238页，文物出版社2005年10月版。

1-4.良渚酋长威仪玉冠出土品16件：反山M17：7三叉玉冠，浙江省文物考古研究所编《反山》下册255页，文物出版社2005年10月版。

1–5.良渚酋长威仪玉冠出土品 16 件：反山M20：91三叉玉冠，浙江省文物考古研究所编《反山》下册279页，文物出版社2005年10月版。

1–6.良渚酋长威仪玉冠出土品 16 件：瑶山M2：6，浙江省文物考古研究所编《瑶山》彩图31，文物出版社2003年9月版。

1–7.良渚酋长威仪玉冠出土品 16 件：瑶山M3：3，浙江省文物考古研究所编《瑶山》228页，文物出版社2003年9月版。

1–8.良渚酋长威仪玉冠出土品 16 件：瑶山M7：26，浙江省文物考古研究所编《瑶山》彩图167，文物出版社2003年9月版。

1–9.良渚酋长威仪玉冠出土品 16 件：瑶山M8：8，浙江省文物考古研究所编《瑶山》彩图285，文物出版社2003年9月版。

1–10.良渚酋长威仪玉冠出土品 16 件：瑶山M9：2，浙江省文物考古研究所编《瑶山》彩图317，文物出版社2003年9月版。

1–11.良渚酋长威仪玉冠出土品 16 件：瑶山M10：6，浙江省文物考古研究所编《瑶山》彩图380，文物出版社2003年9月版。

1–12.良渚酋长威仪玉冠出土品 16 件：瑶山M12：2807，浙江省文物考古研究所编《瑶山》彩图560，文物出版社2003年9月版。

1–13.良渚酋长威仪玉冠出土品 16 件：瑶山T303：2851，浙江省文物考古研究所编《瑶山》彩图625，文物出版社2003年9月版。

1–14.良渚酋长威仪玉冠出土品 16 件：余杭汇观山M4：6，古方主编《中国出土玉器全集》浙江卷135页，科学出版社2005年版。

1–15.良渚酋长威仪玉冠出土品 16 件：余杭横山M2：4，古方主编《中国出土玉器全集》浙江卷141页，科学出版社2005年版。

1–16.良渚酋长威仪玉冠出土品 16 件：桐乡普安桥M11，《浙江桐乡普安桥遗址发掘简报》，《文物》1998年第4期。

2–1.良渚酋长威仪玉冠传世品 4 件：杭州博物馆藏，古方主编《中国传世玉器全集》第1卷60页，科学出版社2010年版。

2–2.良渚酋长威仪玉冠传世品 4 件：台湾蓝田山房藏，邓淑蘋著《蓝田山房藏玉百选》，财团法人年喜基金会1995年版。

2–3.良渚酋长威仪玉冠传世品 4 件：纽约顾为群藏，作者摄于纽约顾为群寓所，获得顾为群授权。

2–4.良渚酋长威仪玉冠传世品 4 件：台北故宫博物院藏，台北故宫博物院编《故宫古玉图录》，台北故宫博物院1988年版。

3–1.良渚酋长威仪图，江伊莉、古方著《玉器时代：美国博物馆藏中国早期玉器》，科学出版社2009年12月版。

3–2.孙悟空威仪造型，采自网络。

4–1.良渚王冠 2 例：北斗猪神标准图式（反山M14：135），浙江省文物考古研究所编《反山》下册170页、上册100页，文物出版社2005年10月版。

4—2.良渚王冠2例：北斗猪神标准图式（瑶山M7：26），浙江省文物考古研究所编《瑶山》彩图167、99页，文物出版社2003年9月版。

5—1.大酋长玉冠3例：北斗猪神简化图式（瑶山M3：3），浙江省文物考古研究所编《瑶山》228页、55页，文物出版社2003年9月版。

5—2.大酋长玉冠3例：北斗猪神简化图式（瑶山M10：6），浙江省文物考古研究所编《瑶山》彩图380、98页，文物出版社2003年9月版。

5—3.大酋长玉冠3例：北斗猪神简化图式（横山M2：4），古方主编《中国出土玉器全集》浙江卷141页，科学出版社2005年版；王书敏《良渚文化三叉形玉器》，《四川文物》2005年第2期。

6.大祭司玉冠1例：北斗猪神星象还原图式（瑶山M9：2），浙江省文物考古研究所编《瑶山》彩图317、268页，文物出版社2003年9月版。

7—1.良渚王冠演变过程（反山M12：83），浙江省文物考古研究所编《反山》30页，文物出版社2005年10月版。

7—2.良渚王冠演变过程（反山M20：91），浙江省文物考古研究所编《反山》上册228页，文物出版社2005年10月版。

7—3.良渚王冠演变过程（反山M14：135），浙江省文物考古研究所编《反山》上册97页，文物出版社2005年10月版。

7—4.良渚王冠演变过程（瑶山M7：26+M7：25），浙江省文物考古研究所编《瑶山》78页，文物出版社2003年9月版。

8—1.良渚玉冠之三叉形制的来历（瑶山M10：20玉佩），浙江省文物考古研究所编《瑶山》288页、142，文物出版社2003年9月版。

8—2.良渚玉冠之三叉形制的来历（瑶山M10：6三叉玉冠），浙江省文物考古研究所编《瑶山》彩图380、98页，文物出版社2003年9月版。

9—1.良渚北斗猪神权柄10例（反山M12：117），浙江省文物考古研究所编《反山》下册彩版55、上册34页，文物出版社2005年10月版。

9—2.良渚北斗猪神权柄10例（反山M16：11），浙江省文物考古研究所编《反山》下册彩版631、上册155页，文物出版社2005年10月版。

9—3.良渚北斗猪神权柄10例（反山M17：13），浙江省文物考古研究所编《反山》下册彩版697、上册190页，文物出版社2005年10月版。

9—4.良渚北斗猪神权柄9例（反山M20：71），浙江省文物考古研究所编《反山》下册彩版814、上册231页，文物出版社2005年10月版。

9—5.良渚北斗猪神权柄10例（反山M20：73），浙江省文物考古研究所编《反山》下册彩版810、上册232页，文物出版社2005年10月版。

9—6.良渚北斗猪神权柄10例（瑶山M2：8），浙江省文物考古研究所编《瑶山》彩图37、37页，文物出版社2003年9月版。

9-7.良渚北斗猪神权柄10例（瑶山 M2：25），浙江省文物考古研究所编《瑶山》彩图 55、45页，文物出版社2003年9月版。

9-8.良渚北斗猪神权柄10例（瑶山 M9：8），浙江省文物考古研究所编《瑶山》彩图 324、118页，文物出版社2003年9月版。

9-9.良渚北斗猪神权柄10例（瑶山 M9：9），浙江省文物考古研究所编《瑶山》彩图 325、118页，文物出版社2003年9月版。

9-10.良渚北斗猪神权柄10例（福泉山 M40：120），黄宣佩主编《福泉山》彩版25、84页，文物出版社2000年10月版。

10.美猴王威仪造型，采自网络。

11.良渚钺王（反山 M12：100），浙江省文物考古研究所编《反山》下册127页、上册64页，文物出版社2005年10月版。

12-1.良渚素面玉钺 4 例（反山 M14：221），浙江省文物考古研究所编《反山》下册彩图448，文物出版社2005年10月版。

12-2.良渚素面玉钺 4 例（反山 M16：45），浙江省文物考古研究所编《反山》下册彩图 647，文物出版社2005年10月版。

12-3.良渚素面玉钺 4 例（瑶山 M3：12），浙江省文物考古研究所编《瑶山》彩图87，文物出版社2003年9月版。

12-4.良渚素面玉钺 4 例（瑶山 T303：3047），浙江省文物考古研究所编《瑶山》彩图 635，文物出版社2003年9月版。

第五章　良渚神徽的替代符号：帝星纹

1-1.帝星纹玉琮（台北故宫博物院藏），采自台北故宫博物院官网。

1-2.良渚琮王（反山 M12：98），浙江省文物考古研究所编《反山》下册43页、上册54页，文物出版社2005年10月版。

2-1.良渚玉琯（瑶山 M10：21），浙江省文物考古研究所编《瑶山》285、139页，文物出版社2003年9月版。

2-2.良渚玉琯（瑶山 M9：5），浙江省文物考古研究所编《瑶山》269、121页，文物出版社2003年9月版。

3.良渚玉璜（瑶山 M11：94），浙江省文物考古研究所编《瑶山》298、157页，文物出版社2003年9月版。

4.良渚玉镯（瑶山 M1：30），浙江省文物考古研究所编《瑶山》216、28页，文物出版社2003年9月版。

5-1.良渚玉镯（瑶山 M1：30）局部：帝星纹北斗猪神，出处见上。

5-2.红山文化陶罐：帝星纹北斗猪神，赤峰市松山区出土，作者摄于赤峰市博物馆。

6.帝星纹北极天帝：石家河祭天玉圭（台北故宫博物院藏），[日]林巳奈夫著《神与兽的纹样学：中国古代诸神》74页，生活·读书·新知三联书店2009年版。

7-1.二里头宫殿区出土的祭祀用无底陶罐：帝星纹，杜金鹏、许宏主编《二里头遗址与二里头文化研究》158页，科学出版社2006年版。

7-2.二里头帝星纹铜牌（保罗·辛格藏），王青《镶嵌铜牌饰的初步研究》，《文物》2004年第5期。

8-1.帝星纹：白家庄二里岗上层一期小敞口龟纹罍（C8M2：1），河南省考古所编《郑州商城》820页，文物出版社2001年版。

8-2.帝星纹：1986年郑州北郊小双桥出土青铜建筑构件，河南省考古所编《河南商周青铜器纹饰与艺术》编号32，河南美术出版社1995年版。

8-3.帝星纹：1981年陕西汉中城固县龙头镇出土商中期兽面纹四足鬲（CH73），陕西省博物馆藏，曹玮著《汉中出土商代青铜器》37页，巴蜀书社2006年版。

8-4.帝星纹：青铜头盔，《滕州前掌大墓地》324页，文物出版社2005年版。

8-5.帝星纹：新干商墓标本69，江西省考古所、江西省博物馆、新干县博物馆《新干商代大墓》136页，文物出版社1997年版。

8-6.帝星纹：安阳殷墟侯家庄石虎面饰（HPKM1001），中国社科院考古所编《殷墟的发现与研究》372页，科学出版社1994年版。

8-7.帝星纹：钟编铙，中国社科院考古所安阳工作队《殷墟大司空M303发掘报告》，《考古学报》2008年第3期。

8-8.帝星纹：大司空M303：125青铜铙，中国社科院考古所安阳工作队《殷墟大司空M303发掘报告》，《考古学报》2008年第3期。

8-9.帝星纹：安阳殷墟妇好墓M5：785扁足壶盖，河南省考古所编《河南商周青铜器纹饰与艺术》编号37，河南美术出版社1995年版。

8-10.帝星纹：上博藏殷墟晚期古父己卣，上海博物馆青铜器研究组《商周青铜器纹饰》75页，文物出版社1984年版。

8-11.帝星纹：陕西岐山贺家村出土西周青铜面具，曹玮主编《周原出土青铜器》1275页，巴蜀书社2005年12月版。

8-12.帝星纹：西周早期铜辕踵（M436：3），《洛阳北窑西周墓》129页，文物出版社1999年版。

8-13.帝星纹：西周初期分裆圆鼎（M1：185），河南省文物考古研究所、周口市文化局编《鹿邑太清宫长子口墓》67页，中州古籍出版社2000年版。

8-14.帝星纹：纸坊头青铜鼎（M13：18），宝鸡市博物馆编《宝鸡𢎤国墓地》51页，文物出版社1988年版。

8-15.帝星纹：陕西泾阳青铜簋（M3：4），《高家堡戈国墓》62页，三秦出版社1995年版。

8-16.帝星纹：彭县竹瓦街，王家祐《记四川彭县竹瓦街出土的铜器》，《文物》1961年11期。

9-1.良渚神徽简化图式（反山M22：8珩形玉佩），浙江省文物考古研究所编《反山》上册283页，文物出版社2005年10月版。

9-2.良渚神徽星象还原图式（反山M15：7玉梳背），浙江省文物考古研究所编《反山》上册142页，文物出版社2005年10月版。

9-3.甲骨文：吴，李圃主编《古文字诂林》第5册249页，上海教育出版社1999年12月版。

第六章　良渚神徽的后世演变：夏商周饕餮纹

1-1.良渚神徽简化图式（反山M22：8珩形玉佩），浙江省文物考古研究所编《反山》上册283页，文物出版社2005年10月版。

1-2.良渚神徽星象还原图式（反山M15：7玉梳背），浙江省文物考古研究所编《反山》上册142页，文物出版社2005年10月版。

1-3.石家河文化模仿良渚神徽简化图式（美国弗利尔博物馆藏石家河玉镯），孙机著《从历史中醒来》10页，生活·读书·新知三联书店2016年8月版。

1-4.大汶口文化模仿良渚神徽简化图式（蒙城尉迟寺M177：1），中国社科院考古所编《蒙城尉迟寺》256页，科学出版社2001年10月版。

1-5.甲骨文：吴，李圃主编《古文字诂林》第5册249页，上海教育出版社1999年12月版。

2-1.良渚神徽简化图式（反山M22：8珩形玉佩），浙江省文物考古研究所编《反山》下册325、上册283页，文物出版社2005年10月版。

2-2.良渚神徽星象还原图式（反山M15：7玉梳背），浙江省文物考古研究所编《反山》下册201页、上册142页，文物出版社2005年10月版。

2-3.石家河鹰冕天帝（美国华盛顿斯密森宁研究院藏），常素霞编《中国古代玉器图谱》151页，金城出版社2013年3月版。

2-4.石家河鹰冕天帝（美国华盛顿斯密森宁研究院藏），美国国家博物馆藏，江伊莉、古方《玉器时代：美国博物馆藏中国早期玉器》150页，科学出版社2009年12月版。林继来《论晋南曲沃羊舌村出土的史前玉神面》，《考古与文物》2009年第2期。

2-5.石家河鹰冕天帝（肖家屋脊W6：32），湖北省荆州博物馆编《肖家屋脊》下册1页，文物出版社1999年6月版；荆州博物馆编《石家河文化玉器》26页，文物出版社2008年版。

2-6.石家河鹰冕天帝（陕西长安张家坡西周墓出土），孔晨等著《中国文物定级图典·一级品》上卷142页，上海辞书出版社1999年12月版；张长寿《记沣西新发现的兽面玉饰》，《考古》1987年第5期。

2-7.石家河鹰冕天帝（山西曲沃羊舌村晋侯墓出土），李建生等《山西曲沃羊舌晋侯墓地发掘简报》，《文物》2009年第1期。常素霞编《中国古代玉器图谱》149页，金城出版社2013年3月版。

2-8.石家河鹰冕天帝（湖北天门2015年12月出土），《楚天都市报》2015年12月21日。

2-9.石家河玉圭纹样（江苏溧阳宋庄村出土），常素霞编《中国古代玉器图谱》136页，金城出版社2013年3月版。

2-10、11.石家河玉圭纹样（山东日照两城镇出土），荆州博物馆编《石家河文化玉器》，文物出版社2008年版。

2–12.石家河玉圭纹样（上海博物馆藏），[日]林巳奈夫著《神与兽的纹样学》77页，生活·读书·新知三联书店2009年版。

2–13、14、15.石家河玉圭纹样（台北故宫博物院藏），常素霞编《中国古代玉器图谱》134页，金城出版社2013年3月版；[日]林巳奈夫著《神与兽的纹样学》74页，生活·读书·新知三联书店2009年版。

3–1.良渚神徽简化图式（瑶山M10：20玉佩正反面），浙江省文物考古研究所编《瑶山》288页、142页，文物出版社2003年9月版。

3–2.良渚神徽简化图式（纽约顾为群藏良渚玉佩正反面），作者摄于纽约顾为群寓所，获得顾为群授权。

3–3.石家河剪影天帝（肖家屋脊出土），古方主编《中国出土玉器全集》湖北卷33页，科学出版社2005年版；常素霞编《中国古代玉器图谱》155页，金城出版社2013年3月版。

3–4.石家河剪影天帝（湖北钟祥六合出土），荆州博物馆编《石家河文化玉器》94页，文物出版社2008年版。

3–5.石家河剪影天帝（美国西雅图艺术博物馆藏），常素霞编《中国古代玉器图谱》155页，金城出版社2013年3月版。

3–6.陶寺剪影天帝（陶寺中期王墓M22出土），常素霞编《中国古代玉器图谱》155页，金城出版社2013年3月版。

4–1.夏代饕餮纹天帝（河南偃师二里头出土），刘志雄、杨静荣著《龙与中国文化》60页，人民出版社1992年11月版。

4–2.商代饕餮纹天帝（河南郑州小双桥出土青铜建筑构件），河南省文物考古研究所编《郑州小双桥：1990—2000年考古发掘报告》下册276页，科学出版社2012年9月版；河南省考古所编《河南商周青铜器纹饰与艺术》编号32，河南美术出版社1995年版。

4–3.西周饕餮纹天帝（陕西岐山贺家村出土青铜面具），曹玮主编《周原出土青铜器》1275页，巴蜀书社2005年12月版。

第七章　夏商周饕餮纹天帝的图法解密：北极天帝"帝俊"

1–1.北极天象的"帝"字形连线，[美]班大为著（徐凤先译）《中国上古史实揭秘》354页，上海古籍出版社2008年4月版。

2–1.伏羲族的北极天帝造型（甘肃天水大地湾），张朋川著《中国彩陶图谱》编号79，文物出版社1995年4月版。

2–2.伏羲族的北极天帝造型（甘肃临洮），张朋川著《中国彩陶图谱》编号562，文物出版社1995年4月版。

2–3.伏羲族的北极天帝造型（陕西铜川前咀），杨晓能著（唐际根、孙亚冰译）《另一种古史》55页，生活·读书·新知三联书店2008年10月版。

3–1.伏羲族"帝"字（甘肃永昌鸳鸯池陶杯），张朋川著《中国彩陶图谱》编号1191，文物出版社1995年4月版。

3-2.伏羲族"帝"字（陕西姜寨刻符），西安半坡博物馆、陕西省考古研究所、临潼县博物馆编《姜寨》142页，文物出版社1988年版。

3-3.伏羲族陶文"帝"（河南汝州洪山庙），河南省文物考古研究所编《汝州洪山庙》46页，中州古籍出版社1995年版。

3-4.商代甲骨文"帝"字，李圃主编《古文字诂林》第1册45页，上海教育出版社1999年12月版。

4.天帝足踩日月（湖北荆门漳河车桥出土周代大武戚），陈振裕主编《中国古代青铜器造型纹型纹饰》316页，湖北美术出版社2001年7月版。

5.羲和举日、常羲举月（湖北秭归台子湾汉魏时期青铜扶桑树残片），《湖北库区考古报告集》第一卷483页，《秭归台子湾遗址发掘简报》，科学出版社2005年版。

6.伏羲举日、女娲举月（四川崇庆东汉画像砖），常任侠主编《中国美术全集·画像石画像砖》173页，图二一五，上海人民美术出版社1988年版。

7.北斗猪神合抱阴阳二神（洛阳偃师邙山汉墓），曹建强《洛阳新发现一组汉代壁画砖》，《文博》2009年第4期。

8-1.勾云形器"玄鼋"（牛河梁N2Z1M14：1），辽宁省文物考古研究所编《牛河梁》42页，文物出版社2012年版；常素霞编《中国古代玉器图谱》92页，金城出版社2013年3月版。

8-2.勾云形器"玄鼋"（牛河梁N16M2：1），郭大顺、洪殿旭主编《红山文化玉器鉴赏》增订本49页，文物出版社2014年版；常素霞编《中国古代玉器图谱》46页，金城出版社2013年3月版。

8-3.勾云形器"玄鼋"（巴林右旗那斯台出土），古方主编《中国出土玉器全集》第1卷31页，科学出版社2005年版；常素霞编《中国古代玉器图谱》45页，金城出版社2013年3月版。

9-1.勾云形天帝"轩辕"（牛河梁N2Z1M27出土），郭大顺主编《牛河梁遗址》43页，学苑出版社2004年版；常素霞编《中国古代玉器图谱》32页，金城出版社2013年3月版。

9-2.勾云形天帝"轩辕"（华盛顿赛克勒美术馆藏），常素霞编《中国古代玉器图谱》5页，金城出版社2013年3月版；常素霞编《中国古代玉器图谱》33页，金城出版社2013年3月版。

9-3.勾云形天帝"轩辕"（陕西凤翔上郭店春秋墓出土），郭大顺、洪殿旭主编《红山文化玉器鉴赏》增订本79页，文物出版社2014年版。

9-4.商代早期勾云形天帝"轩辕"（郑州杜岭出土一号方鼎），马承源主编《中国青铜器全集》第1卷49页，文物出版社1995年版。

9-5.商代中期勾云形天帝"轩辕"（藁城台西出土），河北省文物研究所《藁城台西商代遗址》121页，文物出版社1985年版。

9-6.商代中期勾云形天帝"轩辕"（上博藏商早期兽面纹爵腹部），陈佩芬著《商周青铜器研究：夏商篇》31页，上海古籍出版社2004年版。

9-7.商代中期勾云形天帝"轩辕"（殷墟M388出土二里冈式青铜瓿），李济著《殷墟青铜器研究》51页，上海人民出版社2008年版。

9-8.商代中期勾云形天帝"轩辕"（郑州向阳食品厂出土青铜饕餮纹鼎H1：8），河南省文物研究所、郑州市博物馆《郑州新发现商代窖藏青铜器》，《文物》1983年第3期。

10-1.红山黄帝族晚期的北极天帝新型（故宫博物院藏），古方主编《中国传世玉器全集》第1卷17页，科学出版社2010年版；另见徐琳《故宫博物院藏红山文化动物形玉及人形玉研究》（下），《荣宝斋》2012年第5期。

10-2.红山黄帝族晚期的北极天帝新型（剑桥大学藏），郭大顺、洪殿旭主编《红山文化玉器鉴赏》增订本233页，文物出版社2014年版；另见徐琳《故宫博物院藏红山文化动物形玉及人形玉研究》（下），《荣宝斋》2012年第5期。

10-3.红山黄帝族晚期的北极天帝新型（震旦博物馆藏），张远山摄于震旦博物馆。

10-4.红山黄帝族晚期的北极天帝新型（美国克里夫兰博物馆藏），郭大顺、洪殿旭主编《红山文化玉器鉴赏》增订本233页，文物出版社2014年版。

10-5.瑞典远东博物馆藏红山文化玉雕神，郭大顺、洪殿旭主编《红山文化玉器鉴赏》增订本234页，文物出版社2014年版。

11-6.红山黄帝族晚期的北极天帝新型（1996年北京翰海拍品），莫离编《玉器图谱》7页，湖南美术出版社2011年版。

11-1、2.石峁黄帝族的北极天帝竖式造型（陕西石峁皇城台），王仁湘《石峁石雕：颠覆我们认知的发现》，《光明日报》2019年11月3日。

11-3.夏代早期的北极天帝竖式造型（新砦二期陶器盖1999T1H24：1），北京大学震旦古代文明研究中心、郑州市文物考古研究院编《新密新砦》315页，文物出版社2008年1月版。

11-4、5.夏代晚期的北极天帝竖式造型（二里头出土青铜牌），孔晨等著《中国文物定级图典·一级品》下卷337页，上海辞书出版社1999年12月版。

12-1、2.陕西石峁皇城台北极天帝（龙山文化晚期），陕西神木石峁遗址皇城台地点发现精美石雕，文博中国20181228，中国考古网2018年12月28日。

12-3.花地嘴饕餮纹天帝（夏代早期），顾问、张松林《花地嘴遗址所出"新砦期"朱砂绘陶瓮研究》，《中国历史文物》2006年第1期。

12-4.殷墟R2068饕餮纹天帝（商代晚期），李济著《殷墟青铜器研究》511页，上海人民出版社2008年版。

13.良渚神徽对应北极天象图，张远山原创。

14-1.北极北斗相对图，张远山原创。

14-2.朝墩头斗形冕天帝（江苏南京高淳县），古方主编《中国出土玉器全集》江苏上海卷19页，科学出版社2005年版。

15-1.商代斗形冕玉鹰（安阳妇好墓出土），古方主编《中国出土玉器全集》河南卷32页，科学出版社2005年版。

15-2.商代斗形冕玉龙（香港钟华培藏），姜涛、刘云辉编《熙墀藏玉》64页，文物出版社2006年版。

15-3.商代斗形角人面天帝（湖南出土大禾鼎），马承源主编《中国青铜器全集》第4卷56页，文物出版社1995年版；杨晓能著（唐际根、孙亚冰译）《另一种古史》374页，生活·读书·新知三联书店2008年版。

15-4.西周斗形角人面天帝（西周中期平顶山薛庄乡M84：48），《平顶山应国墓地》1037页，大象出版社2012年版；陈振裕主编《中国古代青铜器造型纹饰》165页，湖北美术出版社2001年版。

15-5.商周常见的斗形角饕餮纹天帝（西周早期铜鼎腹部），上海博物馆编《商周青铜器纹饰》49页，编号133，文物出版社1984年版。

15-6.商周常见的斗形角饕餮纹天帝（西周成王德方鼎腹部），上海博物馆编《商周青铜器纹饰》49页，编号134，文物出版社1984年版。

第八章　北斗猪神的人间对应：天子对位北斗猪神

1-1、2、3.伏羲族的北斗猪神（甘肃天水王家阴洼北斗猪神彩陶壶，甘肃天水北斗猪神彩陶盆，陕西姜寨北斗猪神彩陶罐），张朋川著《中国彩陶图谱》编号23、编号81、编号1548，文物出版社1995年4月版。

2-1、2、3.高庙文化的北斗猪神（湖南洪江高庙遗址出土高领陶罐），荆州博物馆编《石家河文化玉器》14页，文物出版社2008年版；顾万发《论高庙文化中獠牙兽的动物属性》，《黄河黄土黄种人》2016年第2期。

3-1.高庙文化的北斗猪神祭坛（高庙白陶高直领折肩罐T1015⑧：16），贺刚、向开旺《湖南黔阳高庙遗址发掘简报》，《文物》2000年第4期。

3-2.公元前后：汉画像石的汉阙（四川成都大邑县安仁镇出土凤阙画像砖），采自网络。

3-3.公元后2000年：当代仿建的汉阙，采自网络。

4-1.牛河梁遗址地形图，辽宁省文物考古研究所编《牛河梁：红山文化遗址发掘报告（1983—2003年度）》9页，文物出版社2012年11月版。

4-2.牛河梁北斗七星布局+猪首山，孙小淳《中国古代遗址的天文考古调查报告——蒙辽黑鲁豫部分》，《中国科技史杂志》2012第4期。

5-1、2.内蒙古赤峰敖汉旗城子山遗址：北斗七星+猪首石，孙小淳《中国古代遗址的天文考古调查报告——蒙辽黑鲁豫部分》，《中国科技史杂志》2012第4期。

6-1.红山黄帝族的北斗猪神"封豨"（河北易县北福地一期：前6000—前5000），河北省文物研究所、段宏振主编《北福地》362页，文物出版社2007年版。

6-2.红山黄帝族的北斗猪神"封豨"（林西县白音长罕出土），古方主编《中国出土玉器全集》内蒙卷15页，科学出版社2005年版。

6-3.红山黄帝族的北斗猪神"封豨"（赤峰博物馆藏赤峰市松山区出土陶罐），张远山摄于赤峰市博物馆。

7-1.红山黄帝族的北斗猪神"封豨"玉玦（国博藏吉林出土玉猪龙），采自国博官网。

7-2.红山黄帝族的北斗猪神"封豨"玉玦（牛河梁第二地点一号冢4号墓玉猪龙），辽宁省文物考古研究所编《牛河梁》下册69页，文物出版社2012年11月版。

7-3.红山黄帝族的北斗猪神"封豨"玉玦（首都博物馆藏玉猪龙），郭大顺、洪殿旭主编《红山文化玉器鉴赏》增订本174页，文物出版社2014年版。

7-4.红山黄帝族的北斗猪神"封豨"玉玦（天津博物馆藏红山玉猪龙），古方主编《中国传世玉器全集》14页，科学出版社2010年版。

7-5.红山黄帝族的北斗猪神"封豨"玉玦（牛河梁第二地点一号冢4号墓玉猪龙），辽宁省文物考古研究所编《牛河梁》下册70页，文物出版社2012年11月版。

7-6.红山黄帝族的北斗猪神"封豨"玉玦（辽宁省博物馆藏玉猪龙），郭大顺、洪殿旭主编《红山文化玉器鉴赏》增订本146页，文物出版社2014年版。

7-7.红山黄帝族的北斗猪神"封豨"玉玦（巴黎吉美博物馆藏玉猪龙），郭大顺、洪殿旭主编《红山文化玉器鉴赏》增订本219页，文物出版社2014年版。

7-8.红山黄帝族的北斗猪神"封豨"玉玦（牛河梁遗址区采集玉猪龙），辽宁省文物考古研究所编《牛河梁》下册320页，文物出版社2012年11月版。

7-9.红山黄帝族的北斗猪神"封豨"玉玦（巴林右旗羊场乡出土玉猪龙），古方主编《中国出土玉器全集》内蒙卷22页，科学出版社2005年版。

7-10.红山黄帝族的北斗猪神"封豨"玉玦（牛河梁遗址区采集玉猪龙），辽宁省文物考古研究所编《牛河梁》下册319页，文物出版社2012年11月版。

7-11.红山黄帝族的北斗猪神"封豨"玉玦（巴林左旗出土玉猪龙），古方主编《中国出土玉器全集》内蒙卷21页，科学出版社2005年版。

7-12.红山黄帝族的北斗猪神"封豨"玉玦（敖汉旗牛古吐乡大五家出土玉猪龙），郭大顺、洪殿旭主编《红山文化玉器鉴赏》增订本133页，文物出版社2014年版。

8-1.红山黄帝族的北斗猪神权柄（辽宁省文物总店藏，长15.2厘米），郭大顺、洪殿旭主编《红山文化玉器鉴赏》增订本165页，文物出版社2014年版。

8-2.红山黄帝族的北斗猪神权柄（天津博物馆藏，长12.5厘米），郭大顺、洪殿旭主编《红山文化玉器鉴赏》增订本205页，文物出版社2014年版。

8-3.红山黄帝族的北斗猪神权柄（辽宁省文物总店藏，长9.5厘米），《红山文化玉器鉴赏》增订本166页，文物出版社2014年版。

8-4.红山黄帝族的北斗猪神权柄端头（震旦博物馆藏），张远山摄于震旦博物馆。

8-5.红山黄帝族的北斗猪神玉佩（牛河梁2冢1墓出土），辽宁省文物考古研究所编《牛河梁》39页，文物出版社2012年11月版。

9-1.红山黄帝族的雌雄北斗猪神"并封"（牛河梁16地点1墓出土），辽宁省文物考古研究所编《牛河梁》下册75页，文物出版社2012年11月版；常素霞编《中国古代玉器图谱》48页，金城出版社2013年3月版。

9-2、3.《山海经·海外西经》并封（毕沅本插图、汪绂本插图），陆思贤《神话考古》228页，文物出版社1995年版；马昌仪著《古本山海经图说》445页，山东画报出版社2001年7月版。

10.上古黄帝族酋长与雌雄北斗猪神"并封"合葬（兴隆洼M118），杨虎、刘国祥《内蒙古敖汉旗兴隆洼聚落遗址1992年发掘简报》，《考古》1997年第1期。

11–1. 大汶口东夷族的北斗猪神"封豨"（山东泰安大汶口陶猪），孔晨等著《中国文物定级图典·一级品》上卷11页，上海辞书出版社1999年12月版。

11–2. 大汶口东夷族的北斗猪神"封豨"（江苏新沂花厅M21：4陶猪），南京博物院编《花厅》269页，文物出版社2003年6月版。

11–3. 大汶口东夷族的北斗猪神"封豨"（安徽含山凌家滩87M13：1玉猪），安徽省文物考古研究所编《凌家滩玉器》111页，文物出版社2000年11月版。

11–4. 大汶口东夷族的北斗猪神"封豨"（江苏新沂花厅M48：28玉猪），南京博物院编《花厅》273页，文物出版社2003年6月版。

12. 东夷族的"并封鸟"（凌家滩98M29：6猪翅鹰），安徽省文物考古研究所编《凌家滩玉器》13页，文物出版社2000年11月版；常素霞编《中国古代玉器图谱》58页，金城出版社2013年3月版。

13. 东夷族酋长的镇墓神兽"北斗猪神"（凌家滩07M23玉猪），张敬国《安徽含山县凌家滩遗址第五次发掘的新发现》，《考古》2008年第3期。

14–1. 河姆渡文化的北斗猪神（河姆渡陶钵），国家文物局主编《中国文物精华大辞典·陶瓷卷》42页，上海辞书出版社、商务印书馆（香港）1998年9月版。

14–2. 河姆渡文化的北斗猪神（河姆渡陶猪），2015年10月24日张远山摄于浙江余姚河姆渡博物馆。

14–3. 马家浜文化的北斗猪神（崧泽遗址出土马家浜文化陶猪），2015年10月20日张远山摄于上海青浦崧泽博物馆。

14–4. 崧泽文化的北斗猪神（崧泽文化黑陶匜），2015年10月20日张远山摄于上海青浦崧泽博物馆。

15–1. 良渚神徽：天帝骑猪巡天图（反山M12：98琮王），浙江省文物考古研究所编《反山》下册43页、上册54页，文物出版社2005年10月版。

15–2. 神徽下部独立出来的北斗猪神（反山M17：8玉梳背），浙江省文物考古研究所编《反山》下册254页、上册188页，文物出版社2005年10月版。

16. 南京六合羊角山北斗猪神纺轮：上古华夏的"猪八戒"，中共南京市委党史工作办公室、中共南京市委宣传部编《南京历代风华》，南京出版社2004年版。

17–1. 商周北斗猪神"封豨"玉玦（安阳殷墟玉猪龙），中国社科院考古所编《安阳殷墟出土玉器》64页，科学出版社2005年9月版。

17–2. 商周北斗猪神"封豨"玉玦（西周虢国墓玉猪龙），郭大顺、洪殿旭主编《红山文化玉器鉴赏》增订本74页，文物出版社2014年版。

17–3. 商周北斗猪神"封豨"玉玦（2005年韩城梁带村春秋晚期芮国墓地26号墓玉猪龙，现藏陕西省考古研究所），郭大顺、洪殿旭主编《红山文化玉器鉴赏》增订本78页，文物出版社2014年版。

17–4. 商周北斗猪神"封豨"玉玦（陕西凤翔南指挥镇战国中期3号秦墓，现藏陕西省考古研究所），古方主编《中国出土玉器全集》陕西卷25页，科学出版社2005年版。

17-5.商周北斗猪神"封豨"玉玦（天津武清区十四仓清代墓出土红山文化玉猪龙），古方主编《中国出土玉器全集》北京卷103页，科学出版社2005年版。

18-1.祭祀北斗猪神"封豨"的商周青铜器（1981年湖南湘潭九华乡船形山出土猪尊），马承源主编《中国青铜器全集》第4卷128页，文物出版社1995年版；朱凤瀚《中国青铜器综论》1185页，上海古籍出版社2009年版。

18-2.祭祀北斗猪神"封豨"的商周青铜器（上博藏商晚期豕卣），陈佩芬著《夏商周青铜器研究：夏商篇》315页，上海古籍出版社2004年版。

18-3.祭祀北斗猪神"封豨"的商周青铜器（天马曲村M113：38豕卣），北京大学考古文博院、山西省考古研究所《天马——曲村遗址北赵晋侯墓地第六次发掘》，《文物》2001年第8期。

19-1.祭祀北斗猪神"并封"的战国漆盒（湖北省博物馆藏），江陵雨台山M56出土，王朝闻主编《中国美术史》第2卷《夏商周卷》，齐鲁书社、明天出版社2000年版。

19-2、3.祭祀北斗猪神"并封"的战国漆盒（湖北省博物馆藏），李零《东方既白——中国的第一次启蒙》，《文汇学人》2018年3月9日。

20.战国曾侯乙墓漆棺的镇墓北斗猪神：战国时代的"猪八戒"（曾侯乙墓漆棺东侧壁、内棺漆画），常任侠主编《中国美术全集·绘画编·原始社会至南北朝绘画》45页，上海人民美术出版社1986年8月版。

第九章　良渚神徽的前世法身：四季北斗绕极符（万字符）

1.佛像胸口的万字符，采自网络。

2.河姆渡四鸟万字符（河姆渡四期M4：1黑陶豆），浙江省文物考古研究所编《河姆渡》343页，文物出版社2003年版。

3.北极天象生成四季北斗合成符：万字符，张远山原创。

4.河姆渡万字符传遍华夏全境，张远山原创。

5.红山文化万字符，盖山林著《阴山岩画》218、216、302、363页，文物出版社1986年版。

6-1.马家窑文化万字符（青海民和），国家文物局主编《中国文物精华大辞典·陶瓷卷》31页，上海辞书出版社、商务印书馆（香港）1998年9月版。

6-2、3、4.马家窑文化万字符（青海柳湾），青海省文物管理处考古队、中国社科院考古所《青海柳湾》下册110页、上册161页，文物出版社1984年版。

6-5、6、7、8、9、10、11.马家窑文化万字符（青海民和加仁庄，甘肃景泰张台，甘肃临洮寺洼，青海乐都柳湾，青海民和官户台，青海乐都柳湾），张朋川著《中国彩陶图谱》编号947、编号628、编号1215、编号1016、编号945、编号1109，文物出版社1995年4月版。

6-12、13、14、15.马家窑文化万字符（青海乐都柳湾），张朋川著《中国彩陶图谱》编号1126、1123、1127、1125，文物出版社1995年4月版。

6-16、17、18、19、20.马家窑文化万字符（甘肃，甘肃永登蒋家坪，青海乐都柳湾，甘肃康乐烽台），张朋川著《中国彩陶图谱》编号221、编号905、编号1117、编号280、编号

311，文物出版社1995年4月版。

7.河姆渡万字符、良渚神徽对应天象图，张远山原创。

8-1.中古秘藏万字符(《乙》8518，合20974)，胡厚宣主编《甲骨文合集》第7册2703页，编号20974，中华书局1982年版。

8-2.中古秘藏万字符（中国日晷，据西汉托克托日晷）。

8-3.中古秘藏万字符（黄帝族盖图），陆思贤、李迪著《天文考古通论》228页，紫禁城出版社2005年4月版。

8-4.中古秘藏万字符（安阳殷墟西北冈侯家庄1005号墓出土，中柱旋龙盂），孙机著《仰观集：古文物的欣赏与鉴别》20页，文物出版社2012年版。

8-5.中古秘藏万字符（金胜村M251晋国赵卿墓出土青铜小方豆盖部），陈振裕主编《中国古代青铜器造型纹型纹饰》226页，湖北美术出版社2001年7月版。又见《太原金胜村251号春秋大墓及车马坑发掘简报》，《文物》1989年第9期，马承源主编《中国青铜器全集》第8卷12页，文物出版社1995年版。

8-6.中古秘藏万字符（河北平山出土中山侯钺），马承源主编《中国青铜器全集》第9卷211页，文物出版社1995年版。

9-1.华夏特殊风格万字符东传美洲（河姆渡四鸟万字符），浙江省文物考古研究所编《河姆渡》343页，文物出版社2003年版。

9-2.华夏特殊风格万字符东传美洲（红山文化万字符），李恭笃《昭乌达盟石棚山考古新发现》，《文物》1982年第4期。

9-3.华夏特殊风格万字符东传美洲（大汶口文化双万字），山东省文物考古研究所编《大汶口续集》180页，科学出版社1997年版。

9-4.华夏特殊风格万字符东传美洲（青海民和万字符壶），国家文物局主编《中国文物精华大辞典·陶瓷卷》31页，上海辞书出版社、商务印书馆（香港）1998年9月版。

9-5.华夏特殊风格万字符东传美洲（密西西印第安人四鸟万字符），荷兰时代生活图书公司编（樊英译）《天地父母：印第安神话》54页，中国青年出版社2006年版。

9-6.华夏特殊风格万字符东传美洲（纳瓦霍泥碗），[美]塞尔万多·冈萨雷斯（Servando González）：《卐和纳粹》(The Swastika and the Nazis，InteliBooks2013）4页，InteliBooks2013。

9-7.华夏特殊风格万字符东传美洲（玛雅双万合符），王大有、宋宝忠著《图说美洲图腾》209页，人民美术出版社1998年版。

9-8.华夏特殊风格万字符东传美洲（祖尼红粘土碗），[美]塞尔万多·冈萨雷斯（Servando González）：《卐和纳粹》(The Swastika and the Nazis，InteliBooks2013）4页，InteliBooks2013。

9-9、10.华夏特殊风格万字符东传美洲（安徽凌家滩陶轮：正面地盘卐、反面八角星），《凌家滩》考古报告209页，文物出版社2006年版。

9-11.华夏特殊风格万字符东传美洲（《乙》8518，合20974），胡厚宣主编《甲骨文合集》第7册2703页，编号20974，中华书局1982年版。

9-12.华夏特殊风格万字符东传美洲（尼加拉瓜万字符），[美]托马斯·威尔森（Thomas

Wilson）:《万字符：最古老的标志和它的演变》(swastika history report) 902页，美国国家博物馆1896年版。

9–13.华夏特殊风格万字符东传美洲（美国伊利诺伊州库克县印第安人织物：万字符、八角星），[美]托马斯·威尔森（Thomas Wilson）:《万字符：最古老的标志和它的演变》(swastika history report) 897页，美国国家博物馆1896年版。

9–14、15.华夏特殊风格万字符东传美洲（玛雅潘万字符，巴林奎万字符），王大有、宋宝忠著《图说美洲图腾》209页，人民美术出版社1998年版。

10–1.华夏特殊风格万字符西传亚欧（马家窑万字纹），采自网络。

10–2.华夏特殊风格万字符西传亚欧（印度四季万字符），采自网络。

10–3.华夏特殊风格万字符西传亚欧（美索不达米亚Hassuna时期陶器上的"卍"纹图案），采自网络。

10–4.华夏特殊风格万字符西传亚欧（希腊Skyros金盘），采自网络。

10–5.华夏特殊风格万字符西传亚欧（希腊阿波罗战车车轮之四季万字符），[美]托马斯·威尔森（Thomas Wilson）:《万字符：最古老的标志和它的演变》(swastika history report) 853页，美国国家博物馆1896年版。

10–6.华夏特殊风格万字符西传亚欧（八世纪爱尔兰金属雕像之四季万字符），[日]讲谈社:世界博物馆丛书《瑞典·丹麦户外历史博物馆》106页，台湾锦绣出版公司1987年版。

10–7.华夏特殊风格万字符西传亚欧（基督教四季万字符），[美]塞尔万多·冈萨雷斯（Servando González）:《卐和纳粹》(The Swastika and the Nazis，InteliBooks2013)，InteliBooks2013。

10–8.华夏特殊风格万字符西传亚欧（湖北宜昌清水滩：旋转万字符),《宜昌县清水滩新石器时代遗址的发掘》,《考古与文物》1983年第2期，第9页图十一。

10–9.华夏特殊风格万字符西传亚欧（凯尔特：旋转万字符），[美]塞尔万多·冈萨雷斯（Servando González）:《卐和纳粹》(The Swastika and the Nazis，InteliBooks2013)，InteliBooks2013。

10–10.华夏特殊风格万字符西传亚欧（希腊正教万字符），[美]塞尔万多·冈萨雷斯（Servando González）:《卐和纳粹》(The Swastika and the Nazis，InteliBooks2013)，InteliBooks2013。

10–11.华夏特殊风格万字符西传亚欧（斯拉夫万字符），[美]塞尔万多·冈萨雷斯（Servando González）:《卐和纳粹》(The Swastika and the Nazis，InteliBooks2013)，InteliBooks2013。

10–12.华夏特殊风格万字符西传亚欧（挪威十字架形万字符），[美]塞尔万多·冈萨雷斯（Servando González）:《卐和纳粹》(The Swastika and the Nazis，InteliBooks2013)，InteliBooks2013。

10–13.华夏特殊风格万字符西传亚欧（瑞典万字符),[比利时]Goblet D'Alviella：The Migration of Symbols（符号的迁移）89页，密歇根大学图书馆1894年版。

10–14.华夏特殊风格万字符西传亚欧（拉普兰万字符），[美]托马斯·威尔森（Thomas

Wilson）：《万字符：最古老的标志和它的演变》（swastika history report）956页，美国国家博物馆1896年版。

10-15.华夏特殊风格万字符西传亚欧（青海民和万字符壶），国家文物局主编《中国文物精华大辞典·陶瓷卷》31页，上海辞书出版社、商务印书馆（香港）1998年9月版。

10-16.华夏特殊风格万字符西传亚欧（印度教万字符），饶宗颐著《梵学集》5页，上海古籍出版社1993年版。

10-17.华夏特殊风格万字符西传亚欧（印度教万字符），[美]塞尔万多·冈萨雷斯（Servando González）：《卐和纳粹》（The Swastika and the Nazis，InteliBooks2013），InteliBooks2013。

10-18.华夏特殊风格万字符西传亚欧（小亚细亚万字符花瓶），饶宗颐著《梵学集》5页，上海古籍出版社1993年版。

10-19.华夏特殊风格万字符西传亚欧（希腊万字符花瓶），饶宗颐著《梵学集》5页，上海古籍出版社1993年版。

10-20.华夏特殊风格万字符西传亚欧（丹麦万字符），[美]塞尔万多·冈萨雷斯（Servando González）：《卐和纳粹》（The Swastika and the Nazis，InteliBooks2013），InteliBooks2013。

10-21.华夏特殊风格万字符西传亚欧（纳粹卐），采自网络。

11.河姆渡万字符，浙江省文物考古研究所编《河姆渡》343页，文物出版社2003年版。河姆渡万字符解密图，张远山原创。

12.清水滩万字符，《宜昌县清水滩新石器时代遗址的发掘》，《考古与文物》1983年第2期，第9页图十一。清水滩万字符解密图，张远山原创。

13.北阴阳营万字符，南京博物院编《北阴阳营》141页，文物出版社1993年版。北阴阳营万字符解密图，张远山原创。

14.印度四季万字符，见上。印度四季万字符解密图，张远山原创。

15.巴厘岛四线外折万字符，见上。巴厘岛万字符解密图，张远山原创。

16.两河流域万字符，饶宗颐著《梵学集》5页，上海古籍出版社1993年版。美索不达米亚万字符解密图，张远山原创。

17.凯尔特万字符，见上。凯尔特万字符解密图，张远山原创。

18.拉普兰万字符，[美]托马斯·威尔森（Thomas Wilson）：《万字符：最古老的标志和它的演变》（swastika history report）956页，美国国家博物馆1896年版。拉普兰万字符解密图，张远山原创。

19.全球标准万字符解密图，张远山原创。

第十章　华夏祭天乐舞"万舞"解密：万字符之舞

1.甲骨文：卍舞＝万舞（《乙》8518，合20974），胡厚宣主编《甲骨文合集》第7册2703页，编号20974，中华书局1982年版。

2-1、2.上古万舞第一舞姿：北极天帝顶天立地（甘肃大地湾，甘肃临洮），张朋川著《中国彩陶图谱》编号79、编号562，文物出版社1995年4月版。

2–3.上古万舞第一舞姿：北极天帝顶天立地（陕西铜川前郊），杨晓能著（唐际根、孙亚冰译）《另一种古史》55页，生活·读书·新知三联书店2008年10月版。

2–4、5.上古万舞第一舞姿：北极天帝顶天立地（红山祭司玉人，凌家滩祭司玉人），常素霞编《中国古代玉器图谱》42页、59页，金城出版社2013年3月版。

2–6、7.上古万舞第一舞姿：北极天帝顶天立地（台湾排湾族立柱万舞雕刻，台湾鲁凯族立柱万舞雕刻），周菁葆、陈重秋编《丝绸之路岩画艺术》678页、677页，新疆人民出版社1993年版。

2–8.上古万舞第一舞姿：北极天帝顶天立地（宁夏贺兰县贺兰山万舞岩画），盖山林、盖志浩搜集《中国岩画图案》112页，上海三联书店1997年版。

2–9.上古万舞第一舞姿：北极天帝顶天立地（山西吉县防风崖岩画），盖山林、盖志浩搜集《中国岩画图案》73页，上海三联书店1997年版。

2–10.上古万舞第一舞姿：北极天帝顶天立地（阴山万舞岩画），盖山林著《阴山岩画》327页，文物出版社1986年版。

2–11.上古万舞第一舞姿：北极天帝顶天立地（反山M15：7玉梳背），浙江省文物考古研究所编《反山》上册142页，文物出版社2005年10月版。

2–12、13、14.上古万舞第一舞姿：北极天帝顶天立地（仙字潭万舞岩画），欧谭生、卢美松《福建华安仙字潭岩画新考》，《考古》1994年第2期。

2–15、16、17、18.上古万舞第一舞姿：北极天帝顶天立地（云南万舞岩画），广西左江万舞岩画，宁克平编《中国岩画艺术图式》160页、132页、135页、137页，湖南美术出版社1990年版。

3–1.中古万舞第一舞姿：北极天帝顶天立地（河南安阳出土商代晚期石鬲），王大有、王双有著《图说中国图腾》157页（引自梅原末治《河南安阳遗物之研究》，京都桑名文星堂1941），人民美术出版社1998年版。

3–2.中古万舞第一舞姿：北极天帝顶天立地（殷墟晚期弓形器），上海博物馆编《商周青铜器纹饰》344页，文物出版社1984年版。

3–3.中古万舞第一舞姿：北极天帝顶天立地（安徽阜南商代龙虎尊），安徽省博物馆编《安徽省博物馆藏青铜器》2页，上海人民美术出版社1987年版。

3–4.中古万舞第一舞姿：北极天帝顶天立地（三星堆二号坑龙虎尊），陈德安著《三星堆：古蜀王国的圣地》88页，四川人民出版社2000年版。

3–5.中古万舞第一舞姿：北极天帝顶天立地（青铜喇叭座顶尊跪坐人像），周新华著《三星耀天府——三星堆文化和巴蜀文明》93页，浙江大学出版社2004年版；四川省文物考古研究院、三星堆博物馆、三星堆博物馆编《三星堆出土文物全记录》第1册50页，四川天地出版社2009年版。

3–6.中古万舞第一舞姿：北极天帝顶天立地（山西侯马万舞陶范），中国国家博物馆藏，采自国博官网。

3–7.中古万舞第一舞姿：北极天帝顶天立地（山西侯马万舞陶范），大连现代博物馆、山西博物院、山西省考古研究所编《晋国雄风：山西出土两周文物精华》111页，万卷出版公司2009年版。

3-8.中古万舞第一舞姿：北极天帝顶天立地（震旦博物馆藏万舞玉人），张远山摄于震旦博物馆。

3-9、10.中古万舞第一舞姿：北极天帝顶天立地（刻纹铜匜1：0138，铜算形器刻纹），《淮阴高庄战国墓》156页、160页，文物出版社2009年版。

3-11.中古万舞第一舞姿：北极天帝顶天立地（四川崇庆东汉画像砖），常任侠主编《中国美术全集·画像石画像砖》173页，图二一五，上海人民美术出版社1988年版。

3-12.中古万舞第一舞姿：北极天帝顶天立地（湖北秭归台子湾汉魏时期青铜扶桑树残片），国务院三峡工程建设委员会办公室、国家文物局编《湖北库区考古报告集》第1卷483页，《秭归台子湾遗址发掘简报》，科学出版社2005年版。

4-1、2、3.西藏史前岩画：万字符＋万舞第一舞姿，张亚莎著《西藏的岩画》105页、106页，青海人民出版社2006年版。

5-1.中古万舞专用乐器、专用道具的万舞第一舞姿（商代万舞专用庸鼓，日本泉屋博古馆藏），马承源主编《中国青铜器全集》第四卷179页，文物出版社1995年版。

5-2.中古万舞专用乐器、专用道具的万舞第一舞姿（周代万舞专用大武戚，湖北荆门漳河车桥出土），陈振裕主编《中国古代青铜器造型纹型纹饰》316页，湖北美术出版社2001年7月版。

5-3.中古万舞专用乐器、专用道具的万舞第一舞姿（战国万舞专用青铜剑，云南江川李家山出土），张增祺、王大道《云南江川李家山古墓群发掘报告》，《考古学报》1975年第2期。

5-4.中古万舞专用乐器、专用道具的万舞第一舞姿（战国万舞专用青铜剑，台湾王振华古越阁藏），陈振裕主编《中国古代青铜器造型纹型纹饰》317页，湖北美术出版社2001年7月版。

5-5、6.中古万舞专用乐器、专用道具的万舞第一舞姿（战国万舞专用编钟，曾侯乙墓编钟架、均钟），谭维四著《曾侯乙墓》101页，文物出版社2001年9月版。

5-7.中古万舞专用乐器、专用道具的万舞第一舞姿（战国万舞专用铜铎，湖北荆门子陵岗东周墓M26：4），荆门市博物馆编《荆门子陵岗》94页，文物出版社2008年版。

5-8.中古万舞专用乐器、专用道具的万舞第一舞姿（战国万舞专用铜钺，湖南出土），张道一编《中国图案大系》第2册第3卷《春秋战国时代》100页，[台北]邯郸出版社1995年3月版。

6-1.上古万舞第二舞姿：北极天帝降龙伏虎（反山M12：98），浙江省文物考古研究所编《反山》上册56页，文物出版社2005年10月版。

6-2、3.上古万舞第二舞姿：北极天帝降龙伏虎（仙字潭岩画），欧谭生、卢美松《福建华安仙字潭岩画新考》，《考古》1994年第2期。

6-4.上古万舞第二舞姿：北极天帝降龙伏虎（故宫博物院藏红山文化天帝），古方主编《中国传世玉器全集》第1卷17页，科学出版社2010年版；另见徐琳《故宫博物院藏红山文化动物形玉及人形玉研究》（下），《荣宝斋》2012年第5期。

6-5.上古万舞第二舞姿：北极天帝降龙伏虎（剑桥大学藏红山文化天帝），郭大顺、洪殿旭主编《红山文化玉器鉴赏》增订本233页，文物出版社2014年版；另见徐琳《故宫博物院藏红山文化动物形玉及人形玉研究》（下），《荣宝斋》2012年第5期。

6-6.上古万舞第二舞姿：北极天帝降龙伏虎（震旦博物馆藏红山文化天帝），张远山摄于震旦博物馆。

6-7.上古万舞第二舞姿：北极天帝降龙伏虎（1996年北京翰海拍品红山文化天帝），莫离编《玉器图谱》7页，湖南美术出版社2011年版。

6-8.上古万舞第二舞姿：北极天帝降龙伏虎（故宫博物院藏红山文化天帝），古方主编《中国传世玉器全集》第1卷12页，科学出版社2010年版。

6-9.上古万舞第二舞姿：北极天帝降龙伏虎（蒙古特斯河左岸岩画），盖山林著《世界岩画的文化阐释》107页，北京图书馆出版社2001年6月版。

6-10.上古万舞第二舞姿：北极天帝降龙伏虎（黑龙江上游岩画），李洪甫著《太平洋岩画》80页，上海文化出版社1997年版。

6-11.上古万舞第二舞姿：北极天帝降龙伏虎（甘肃武威磨咀子出土万舞盆），启星《舞蹈纹彩陶说》，《文物报》1993年6月6日。

6-12.上古万舞第二舞姿：北极天帝降龙伏虎（青海同德宗日出土万舞盆），甘肃省博物馆编《黄河彩陶》104页，浙江人民美术出版社2000年版。

6-13.上古万舞第二舞姿：北极天帝降龙伏虎（青海大通上孙家寨万舞盆），吴山著《中国新石器时代陶器装饰艺术》，文物出版社1982年版。

6-14.上古万舞第二舞姿：北极天帝降龙伏虎（安特生采集马家文化彩陶盆），吴山著《中国新石器时代陶器装饰艺术》23页，文物出版社1982年版。

7-1.中古万舞第二舞姿：北极天帝降龙伏虎（三门峡虢国墓M2001：452万舞玉人），河南省考古所、三门峡市文物工作队《三门峡虢国墓》第一卷：彩版39，文物出版社1999年版。

7-2.中古万舞第二舞姿：北极天帝降龙伏虎（山西侯马曲沃北赵晋侯墓地M63万舞玉人），古方主编《中国出土玉器全集》山西卷第116页，科学出版社2005年版。

7-3.中古万舞第二舞姿：北极天帝降龙伏虎（故宫博物院藏西周万舞玉人），古方主编《中国传世玉器全集》第157页，科学出版社2010年版。

7-4.中古万舞第二舞姿：北极天帝降龙伏虎（关善明藏西周万舞玉人），杨伯达主编《关氏所藏中国古玉》214页，香港中文大学出版社1994年版。

7-5.中古万舞第二舞姿：北极天帝降龙伏虎（香港钟华培藏西周万舞玉人），姜涛、刘云辉编《熙墀藏玉》54页，文物出版社2006年版。

7-6.中古万舞第二舞姿：北极天帝降龙伏虎（美国斯密森宁机构藏商代万舞玉人），采自网络。

7-7.中古万舞第二舞姿：北极天帝降龙伏虎（妇好墓M5：371万舞玉人），中国社科院考古所编《殷墟的发现与研究》341页，科学出版社1994年版。

7-8.中古万舞第二舞姿：北极天帝降龙伏虎（西周天帝降龙铜雕），[日]林巳奈夫著《神与兽的纹样学：中国古代诸神》174页，生活·读书·新知三联书店2009年版。

7-9.中古万舞第二舞姿：北极天帝降龙伏虎（山西曲沃西周晋侯墓地），古方主编《中国出土玉器全集》山西卷115页，科学出版社2005年版。

7-10、11.中古万舞第二舞姿：北极天帝降龙伏虎（淮阴高庄战国墓铜器万舞刻纹），淮安市博物馆编《淮阴高庄战国墓》190页、160页，文物出版社2009年版。

7-12.中古万舞第二舞姿：北极天帝降龙伏虎（国博藏洛阳西郊战国墓玉雕），陈久《洛阳西郊一号战国墓发掘记》，《考古》1959年第12期；常素霞编《中国古代玉器图谱》编号517，金城出版社2013年3月版。

7-13、14.中古万舞第二舞姿：北极天帝降龙伏虎（1957年洛阳小屯村M1出土），杨伯达主编《中国玉器全集》282页、281页，河北美术出版社2005年1月版。

7-15、16.中古万舞第二舞姿：北极天帝降龙伏虎（河南唐河、郑州出土汉画像砖），常任侠主编《中国美术全集·画像石画像砖》194页，上海人民美术出版社1988年版。

7-17、18.中古万舞第二舞姿：北极天帝降龙伏虎（山东金乡汉墓画像砖），山东省济宁市文物处《山东金乡县发现汉代画像砖墓》，《考古》1989年第12期。

8-1、2.上古万舞第三舞姿：北斗猪神踏罡步斗（仙字潭万舞岩画），欧谭生、卢美松《福建华安仙字潭岩画新考》，《考古》1994年第2期。

8-3.上古万舞第三舞姿：北斗猪神踏罡步斗（甘肃嘉峪关黑山四道谷形沟岩刻），陈兆复著《古代岩画》58页，文物出版社2002年版。

8-4.上古万舞第三舞姿：北斗猪神踏罡步斗（西藏万字+万舞岩画），张亚莎著《西藏的岩画》108页，青海人民出版社2006年版。

8-5.上古万舞第三舞姿：北斗猪神踏罡步斗（新疆呼图壁康家石门子万舞岩画），周菁葆、陈重秋编《丝绸之路岩画艺术》213页，新疆人民出版社1993年版。

8-6.上古万舞第三舞姿：北斗猪神踏罡步斗（云南沧源万舞岩画），周菁葆、陈重秋编《丝绸之路岩画艺术》609页，新疆人民出版社1993年版。

9.商周万舞金文6例（瓠文、父己尊、驭簋、万卣、父癸甗，作且戊鼎）：手姿模仿万字符折线，容庚撰集《金文编》1026页、1031页，中华书局1985年7月版。

10-1.战国万舞玉人：手姿模仿万字符折线（美国弗利尔美术馆藏），常素霞编《中国古代玉器图谱》522页，金城出版社2013年3月版。

10-2.战国万舞玉人：手姿模仿万字符折线（广州凤凰岗出土），常素霞编《中国古代玉器图谱》522页，金城出版社2013年3月版。

10-3.战国万舞玉人：手姿模仿万字符折线（洛阳金村出土），常素霞编《中国古代玉器图谱》521页，金城出版社2013年3月版。

10-4.战国万舞玉人：手姿模仿万字符折线（上海博物馆藏），常素霞编《中国古代玉器图谱》522页，金城出版社2013年3月版。

10-5.战国万舞玉人：手姿模仿万字符折线（江西南昌M14西汉墓出土），常素霞编《中国古代玉器图谱》607页，金城出版社2013年3月版。

10-6.汉代万舞专用铜鼓：手姿模仿万字符折线（广西贵县罗泊湾汉墓M1：10），孔晨等著《中国文物定级图典·一级品》下卷238页，上海辞书出版社1999年12月版；庄礼伦著《浅谈东南亚古代铜鼓装饰艺术》，《铜鼓和青铜文化的新探索》（中国南方及东南亚地区古代铜鼓和青铜文化第二次国际学术讨论会论文集），广西民族出版社1993年版。

10-7、8.北斗猪神踏罡步斗：腿姿模仿万字符折线（洛阳偃师邙山汉墓画像砖），曹建强《洛阳新发现一组汉代壁画砖》，《文博》2009年第7期。

10-9.北斗猪神踏罡步斗：腿姿模仿万字符折线（洛阳西汉卜千秋墓画像砖），洛阳博物馆《洛阳西汉卜千秋壁画墓发掘简报》，《文物》1977年第6期。

10-10.北斗猪神踏罡步斗：腿姿模仿万字符折线（河南南阳东汉墓画像砖），常任侠主编《中国美术全集·画像石画像砖》122页，图一四五，上海人民美术出版社1988年版。

11.广西左江史前岩画：天帝降龙的万舞全景，李洪甫著《太平洋岩画》281页，上海文化出版社1997年版。

12.新疆呼图壁康家石门子的史前岩画：天帝伏虎的万舞全景，周菁葆、陈重秋编《丝绸之路岩画艺术》213页，新疆人民出版社1993年版。

13.河南淅川和尚岭春秋楚墓万舞青铜壶（M2：26）：天帝降龙伏虎的万舞全景，国家文物局国家文物鉴定委员会编《文物藏品定级标准图例》铜器卷130页，文物出版社2006年10月版；《淅川和尚岭与徐家岭楚墓》41页，大象出版社2004年版。

14-1、2.曾侯乙漆棺画的万舞全景：二十四节气神（曾侯乙漆棺东侧面、西侧面），谭维四著《曾侯乙墓》36页、39页，文物出版社1989年版。

第十一章　全球萨满舞解密：华夏万舞及其三大舞姿传遍全球

1-1、3.华夏万舞第一舞姿：顶天立地（广西左江万舞岩画），宁克平《中国岩画艺术图式》132页、137页，湖南美术出版社1990年版。

1-2.华夏万舞第一舞姿：顶天立地（大地湾天帝纹），张朋川著《中国彩陶图谱》编号79，文物出版社1995年4月版。

2-1.美洲萨满舞第一舞姿：顶天立地（美国怀俄明州岩画），盖山林著《世界岩画的文化阐释》277页，北京图书馆出版社2001年版。

2-2.美洲萨满舞第一舞姿：顶天立地（美国加州岩画），盖山林著《世界岩画的文化阐释》279页，北京图书馆出版社2001年版。

2-3.美洲萨满舞第一舞姿：顶天立地（墨西哥巴雅·加利福尼亚中部岩画），盖山林著《世界岩画的文化阐释》195页，北京图书馆出版社2001年版。

2-4.美洲萨满舞第一舞姿：顶天立地（巴西岩画），盖山林著《世界岩画的文化阐释》204页，北京图书馆出版社2001年版。

2-5.美洲萨满舞第一舞姿：顶天立地（秘鲁织物），[日]讲谈社：世界博物馆丛书《柏林世界民族博物馆》185页，台湾锦绣出版公司1987年版。

2-6.美洲萨满舞第一舞姿：顶天立地（哥斯达黎加），王大有、宋宝忠著《图说美洲图腾》245页，中国社会出版社2000年版。

2-7.美洲萨满舞第一舞姿：顶天立地（托利玛人），王大有、宋宝忠著《图说美洲图腾》244页，中国社会出版社2000年版。

2-8.美洲萨满舞第一舞姿：顶天立地（纳瓦霍人），王大有、宋宝忠著《图说美洲图腾》173页，中国社会出版社2000年版。

2-9.美洲萨满舞第一舞姿：顶天立地（印第安地母神），王大有、宋宝忠著《图说美洲图腾》250页，中国社会出版社2000年版。

2-10.美洲萨满舞第一舞姿：顶天立地（拉托利姆人金饰），戴尔·布朗著《失落的文明》第14册《安第斯之谜：寻找黄金国》50页，华夏出版社、广西人民出版社2002年版。

2-11.美洲萨满舞第一舞姿：顶天立地（孔泰人金饰），戴尔·布朗著《失落的文明》第14册《安第斯之谜：寻找黄金国》犀页，华夏出版社、广西人民出版社2002年版。

2-12.美洲萨满舞第一舞姿：顶天立地（科克利人金饰），戴尔·布朗著《失落的文明》第14册《安第斯之谜：寻找黄金国》29页，华夏出版社、广西人民出版社2002年版。

2-13.美洲萨满舞第一舞姿：顶天立地（印加人崇拜的主神查文：前1400—前500），戴尔·布朗著《失落的文明》第19册《印加人：黄金和荣耀的主人》191页，华夏出版社、广西人民出版社2002年版。

3-1.亚洲萨满舞第一舞姿：顶天立地（韩国岩画），李洪甫著《太平洋岩画》132页，上海文化出版社1997年版。

3-2.亚洲萨满舞第一舞姿：顶天立地（哈萨克斯坦岩画），李淼、刘方著《世界岩画资料图集》51页，中国工人出版社1992年版。

3-3.亚洲萨满舞第一舞姿：顶天立地（沙特阿拉伯岩刻），陈兆复著《外国岩画发现史》177页，上海人民出版社1993年版。

3-4.亚洲萨满舞第一舞姿：顶天立地（古印度阎浮树），盖山林著《世界岩画的文化阐释》302页，北京图书馆出版社2001年6月版。

3-5.亚洲萨满舞第一舞姿：顶天立地（印度尼西亚岩画），盖山林著《世界岩画的文化阐释》154页，北京图书馆出版社2001年6月版。

3-6.亚洲萨满舞第一舞姿：顶天立地（利凡特南部新石器时代中期陶罐，距今约四千年），杨建华著《两河流域史前时代》19页，吉林大学出版社1993年版。

3-7.亚洲萨满舞第一舞姿：顶天立地（安纳托利亚祭碗底部），戴尔·布朗著《失落的文明》第17册《安纳托利亚：文化繁盛之地》31页，华夏出版社、广西人民出版社2002年版。

4-1.欧洲萨满舞第一舞姿：顶天立地（意大利梵尔卡莫尼卡岩刻），陈兆复著《外国岩画发现史》122页，上海人民出版社1993年版。

4-2.欧洲萨满舞第一舞姿：顶天立地（瑞士岩刻），陈兆复著《外国岩画发现史》98页，上海人民出版社1993年版。

4-3.欧洲萨满舞第一舞姿：顶天立地（德国安德林根岩画），李淼、刘方著《世界岩画资料图集》45页，中国工人出版社1992年版。

4–4.欧洲萨满舞第一舞姿：顶天立地（俄国奥涅加湖岩画），李淼、刘方著《世界岩画资料图集》48页，中国工人出版社1992年版。

5–1.非洲、澳洲萨满舞第一舞姿：顶天立地（阿尔及利亚岩画），李淼、刘方著《世界岩画资料图集》140页，中国工人出版社1992年版。

5–2.非洲、澳洲萨满舞第一舞姿：顶天立地（澳大利亚岩画），李淼、刘方著《世界岩画资料图集》216页，中国工人出版社1992年版。

5–3.非洲、澳洲萨满舞第一舞姿：顶天立地（大洋洲美拉尼西亚岩画），盖山林著《世界岩画的文化阐释》166页，北京图书馆出版社2001年6月版。

5–4.非洲、澳洲萨满舞第一舞姿：顶天立地（大洋洲瓦图阿兹岩画），陈兆复著《外国岩画发现史》377页，上海人民出版社1993年版。

5–5.非洲、澳洲萨满舞第一舞姿：顶天立地（新几内亚岩画），赵国华著《生殖崇拜文化论》扉页，中国社会科学出版社1990年8月版。

6–1.华夏万舞第二舞姿：降龙伏虎（洛阳西郊一号战国墓出土玉雕），常素霞编《中国古代玉器图谱》，金城出版社2013年3月版。

6–2.华夏万舞第二舞姿：降龙伏虎（反山M12：100钺王之神徽），浙江省文物考古研究所编《反山》下册，彩版299，文物出版社2005年10月版。

6–3.华夏万舞第二舞姿：降龙伏虎（山西曲沃西周晋侯墓地玉雕），古方主编《中国出土玉器全集》山西卷115页，科学出版社2005年版。

7–1.全球萨满舞第二舞姿：降龙伏虎（印第安霍比部落的预言石石刻），采自网络。

7–2.全球萨满舞第二舞姿：降龙伏虎（哥伦比亚泰罗纳人金饰），戴尔·布朗著《失落的文明》第14册《安第斯之谜：寻找黄金国》33页，华夏出版社、广西人民出版社2002年版。

7–3.全球萨满舞第二舞姿：降龙伏虎（日本富沟佩岩画），盖山林著《世界岩画的文化阐释》136页，北京图书馆出版社2001年6月版。

7–4.全球萨满舞第二舞姿：降龙伏虎（美国夏威夷岩刻），陈兆复著《外国岩画发现史》373页，上海人民出版社1993年版。

7–5.全球萨满舞第二舞姿：降龙伏虎（印度尼西亚岩画），陈兆复著《外国岩画发现史》196页，上海人民出版社1993年版。

8–1、3.华夏万舞第三舞姿：踏罡步斗（新疆呼图壁康家石门子岩画），周菁葆、陈重秋编《丝绸之路岩画艺术》213页，新疆人民出版社1993年版。

8–2.华夏万舞第三舞姿：踏罡步斗（洛阳偃师邙山汉墓），曹建强《洛阳新发现一组汉代壁画砖》，《文博》2009年第7期。

9–1.全球萨满舞第三舞姿：踏罡步斗（玛雅北斗神：七金刚鹦鹉），[美]时代生活图书公司编（孙书姿译）《太阳与献祭众神：阿兹特克与玛雅神话》33页，中国青年出版社2003年版。

9–2.全球萨满舞第三舞姿：踏罡步斗（北美洲伊利湖畔奥茨顿哥村易洛魁人的太阳神），

王大有、宋宝忠著《图说美洲图腾》331页，人民美术出版社1998年版。

9–3.全球萨满舞第三舞姿：踏罡步斗（美国加州岩画），盖山林著《世界岩画的文化阐释》279页，北京图书馆出版社2001年6月版。

9–4.全球萨满舞第三舞姿：踏罡步斗（奥尔梅克人岩画），王大有、宋宝忠著《图说美洲图腾》359页，人民美术出版社1998年版。

9–5.全球萨满舞第三舞姿：踏罡步斗（智利岩画），盖山林著《世界岩画的文化阐释》207页，北京图书馆出版社2001年6月版。

9–6.全球萨满舞第三舞姿：踏罡步斗（公元1世纪越南东山万舞铜鼓），戴尔·布朗著《失落的文明》第9册《东南亚：重新找回的历史》52页，华夏出版社、广西人民出版社2002年版。

9–7.全球萨满舞第三舞姿：踏罡步斗（印度皮摩波特卡岩壁画），陈兆复著《外国岩画发现史》183页，上海人民出版社1993年版。

9–8.全球萨满舞第三舞姿：踏罡步斗（印度尼西亚岩画），盖山林著《世界岩画的文化阐释》154页，北京图书馆出版社2001年6月版。

9–9.全球萨满舞第三舞姿：踏罡步斗（叙利亚暴风雨之神贝尔，左手所持树枝表示闪电，前2千年至前1千年），[日]讲谈社：世界博物馆丛书《叙利亚国立博物馆》62页，台湾锦绣出版公司1987年版。

9–10.全球萨满舞第三舞姿：踏罡步斗（西伯利亚贝加尔湖阿雅湖湾岩刻），陈兆复著《外国岩画发现史》154页，上海人民出版社1993年版。

9–11.全球萨满舞第三舞姿：踏罡步斗（夏威夷岩画），李洪甫著《太平洋岩画》368页，上海文化出版社1997年版。

9–12.全球萨满舞第三舞姿：踏罡步斗（前5世纪伊特鲁里亚壁画），戴尔·布朗著《失落的文明》第11册《伊特鲁里亚人：意大利一支热爱生活的民族》40页，华夏出版社、广西人民出版社2002年版。

9–13.全球萨满舞第三舞姿：踏罡步斗（五世纪希腊瓷瓶画：狄俄尼索斯演奏里尔琴），采自网络。

9–14.全球萨满舞第三舞姿：踏罡步斗（斯堪的纳维亚岩画），李淼、刘方著《世界岩画资料图集》33页，中国工人出版社1992年版。

10–1.美洲萨满舞与万字符同框：Wolpi shaker（舞蹈拨浪鼓），[美]塞尔万多·冈萨雷斯（Servando González）:《卐和纳粹》(The Swastika and the Nazis, InteliBooks2013）4页，Inteli-Books2013。

10–2.美洲萨满舞与万字符同框：印第安盾牌，[美]塞尔万多·冈萨雷斯（Servando González）:《卐和纳粹》(The Swastika and the Nazis, InteliBooks2013）4页，InteliBooks2013。

10–3.美洲萨满舞与万字符同框：玛雅四龙万字符，采自网络。

10–4、5.美洲萨满舞与万字符同框：纳瓦霍毯，纳瓦霍宇宙图，[美]塞尔万多·冈萨雷斯（Servando González）:《卐和纳粹》(The Swastika and the Nazis, InteliBooks2013）4页，InteliBooks2013。

11-1、2.欧洲萨满舞与万字符同框：希腊农神舞，希腊宙斯舞，[美]托马斯·威尔森：《万字符：最古老的标志和它的演变》(Thomas Wilson：swastika history report)847页，美国国家博物馆1896年版。

11-3.欧洲萨满舞与万字符同框：前八世纪伊特鲁里亚陶罐，戴尔·布朗著《失落的文明》第11册《伊特鲁里亚人——意大利一支热爱生活的民族》31页，华夏出版社、广西人民出版社2002年版。

11-4.欧洲萨满舞与万字符同框：苏格兰佩斯郡凯尔特石刻，[比利时]Goblet D'Alviella：The_Migration_of_Symbols（《符号的迁移》）44页，A. Constable and Co1894.伦敦。

第十二章　中国龙的终极源头：苍龙七宿

1.苍龙七宿的静态表达：河南濮阳西水坡M45龙虎北斗图，濮阳西水坡遗址考古队著《1988年河南濮阳西水坡遗址发掘简报》，《考古》1989年第12期。

2-1.苍龙七宿的动态表达：上古伏羲族的衔尾龙（北首岭龙凤陶壶），中国历史博物馆编《中国历史博物馆》图5，文物出版社1984年版。

2-2.苍龙七宿的动态表达：上古伏羲族的衔尾龙（甘谷西坪伏羲瓶），张朋川著《中国彩陶图谱》编号85，文物出版社1995年4月版。

2-3.苍龙七宿的动态表达：上古伏羲族的衔尾龙（山西陶寺M3072肥遗盘），《1978—1980年山西襄汾陶寺墓地发掘简报》，《考古》1983年第1期；张朋川著《中国彩陶图谱》212页，文物出版社1995年4月版。

3-1.苍龙七宿的动态表达：中原伏羲族（山西陶寺M3072肥遗盘），《1978—1980年山西襄汾陶寺墓地发掘简报》，《考古》1983年第1期。

3-2.苍龙七宿的动态表达：大汶口东夷族（凌家滩98　M16），安徽省文物考古研究所编《凌家滩玉器》11页，文物出版社2000年11月版。

3-3.苍龙七宿的动态表达：红山黄帝族（翁牛特旗三星他拉出土），古方主编《中国出土玉器全集》内蒙卷17页，科学出版社2005年版。

3-4.苍龙七宿的动态表达：良渚南蛮族（余杭博物馆浙江藏余杭后头山出土），古方主编《中国出土玉器全集》浙江卷82页，科学出版社2005年版。

3-5.苍龙七宿的动态表达：安阳妇好墓出土商代玉龙，古方主编《中国出土玉器全集》河南卷40页，科学出版社2005年版。

3-6.苍龙七宿的动态表达：安阳花园庄东地M54：450商代玉龙，古方主编《中国出土玉器全集》河南卷80页，科学出版社2005年版。

3-7.苍龙七宿的动态表达：陕西长安张家坡M60西周玉龙，古方主编《中国出土玉器全集》陕西卷45页，科学出版社2005年版。

3-8.苍龙七宿的动态表达：西周晚期河南三门峡虢国墓地M2009玉龙，古方主编《中国出土玉器全集》河南卷166页，科学出版社2005年版。

4-1.甲骨文、金文的卷尾"龍"＝苍龙七宿连线，冯时《中国天文考古学》307页，社会科学文献出版社2010年11月版。

4-2.西周青铜卷尾龙（1992年陕西扶风巨良海家村出土），北京大学考古文博学院《吉金铸国史：周原出土西周青铜器精粹》236页，文物出版社2002年版。

5-1.苍龙七宿的静态表达：夏商周的卷尾龙（夏代二里头），中国社科院考古所编《二里头：1999—2006》第2册1004页后折页，文物出版社2014年版。

5-2.苍龙七宿的静态表达：夏商周的卷尾龙（山西石楼桃花庄商墓出土龙纹觥盖面纹饰），采自网络。

5-3、4.苍龙七宿的静态表达：夏商周的卷尾龙（妇好墓出土司母辛四足觥盖面纹饰，巴黎赛努奇博物馆藏虎食人卣器底纹饰），陈振裕《中国古代青铜器造型纹饰》40页、41页，湖北美术出版社2001年版。

5-5.苍龙七宿的静态表达：夏商周的卷尾龙（西周早期长子口M1：92簋形觥），河南省文物考古研究所、周口市文化局编《鹿邑太清宫长子口墓》103页，中州古籍出版社2000年版。

5-6.苍龙七宿的静态表达：夏商周的卷尾龙（商代晚期夔纹銎内戈），曹玮主编《周原出土青铜器》1260页，巴蜀书社2005年12月版。

5-7.苍龙七宿的静态表达：夏商周的卷尾龙（M1713：94铜大刀），中国社科院考古所编《殷墟的发现与研究》314页，科学出版社1994年版。

5-8.苍龙七宿的静态表达：夏商周的卷尾龙（M41：37车饰），杨锡璋《河南安阳市梅园庄东南的殷代车马坑》，《考古》1998年第10期。

5-9.苍龙七宿的静态表达：夏商周的卷尾龙（夔纹铜饰），曹玮主编《周原出土青铜器》1280页，巴蜀书社2005年12月版。

5-10.苍龙七宿的静态表达：夏商周的卷尾龙（1992年陕西扶风巨良海家村出土），北京大学考古文博学院《吉金铸国史：周原出土西周青铜器精粹》236页，文物出版社2002年版。

5-11.苍龙七宿的静态表达：夏商周的卷尾龙（安阳孝民屯商代斗形玉龙），古方主编《中国出土玉器全集》河南卷101页，科学出版社2005年版。

5-12.苍龙七宿的静态表达：夏商周的卷尾龙（前掌大商代M109斗形玉龙），古方主编《中国出土玉器全集》山东卷119页，科学出版社2005年版。

第十三章　麒麟之终极源头：北方七宿

1-1.危宿三星、坟墓四星连线＝天文神兽麒麟，冯时著《中国天文考古学》319页，中国社会科学出版社2010年11月版。

1-2、3.陕西临潼姜寨四鹿盆，段清波编《中国古陶器》17页，湖北美术出版社2001年9月版；张朋川著《中国彩陶图谱》编号1509，文物出版社1995年4月版。

2-1、2.河南濮阳西水坡M45：蚌塑龙虎北斗图，蚌塑鹿，濮阳西水坡遗址考古队著《1988年河南濮阳西水坡遗址发掘简报》，《考古》1989年第12期。

3-1.北方七宿连线＝天文神兽玄武（龟形＋蛇形），冯时著《中国天文考古学》319页，中国社会科学出版社2010年11月版。

3-2.汉长安城四神兽瓦当：玄武，采自网络。

4.西周虢国墓四方神兽青铜镜：东苍龙，西白虎，南朱雀，北麒麟（1957年河南三门峡上村岭虢国1612号墓出土），马承源主编《中国青铜器全集》第16卷51页，文物出版社1995年版；陈振裕主编《中国古代青铜器造型纹型纹饰》186页，湖北美术出版社2001年7月版。

5.河南淅川和尚岭春秋楚墓万舞青铜壶（M2：26），最上层南朱雀，最下层北麒麟，国家文物局国家文物鉴定委员会编《文物藏品定级标准图例》铜器卷130页，文物出版社2006年10月版；《淅川和尚岭与徐家岭楚墓》41页，大象出版社2004年版。

6.湖北随州战国曾侯乙墓漆箱：箱体北侧的北麒麟，[日]稻畑耕一郎《曾侯乙墓的神话世界——从出土文物图像来看》，[日]《中国文学研究》第17期。

7.西汉洛阳卜千秋墓：东苍龙，西白虎，南朱雀，北麒麟，黄明兰《洛阳西汉卜千秋壁画墓发掘简报》，《文物》1977年第6期。

8.新疆尼雅东汉织锦护膊：东苍龙，西白虎，南朱雀，北麒麟（新疆尼雅遗址汉晋墓出土织锦护膊：五星出东方利中国），于志勇《新疆民丰县尼雅遗址95MNI号墓地M8发掘简报》，《文物》2000年第1期。

9-1、2.汉代墓碑配对图式：南朱雀，北麒麟（汉柳敏碑，汉山阳碑），[宋]洪适《隶释·隶续》320页、348页，中华书局1985年11月版。

10-1.春秋战国的麒麟尊（春秋中期，安徽省舒城县凤凰嘴出土），安徽省寿县博物馆藏，国家文物局国家文物鉴定委员会编《文物藏品定级标准图例》铜器卷186页，文物出版社2006年10月版。

10-2.春秋战国的麒麟尊（春秋中期，安徽省舒城县凤凰嘴出土），采自网络。

10-3.春秋战国的麒麟尊（战国早期，广西贺州市沙田镇龙中村红珠山出土，北京博物馆藏），采自网络。

10-4.春秋战国的麒麟尊（陕西石峁出土战国金麒麟），孔晨等著《中国文物定级图典·一级品》下卷424页，上海辞书出版社1999年12月版。

11-1、2、4、5.战国秦汉的镇墓麒麟（江陵雨台山174：10），湖北省荆州地区博物馆《江陵雨台山楚墓》彩版三、110页，文物出版社1984年4月版。

11-3.战国秦汉的镇墓麒麟，《江陵天星观一号楚墓》，《考古学报》1982年第1期。

11-6、7.战国秦汉的镇墓麒麟，湖北省潜江博物馆、湖北省荆州博物馆《潜江龙湾》430页、431页，文物出版社2005年10月版。

11-8.战国秦汉的镇墓麒麟（中山王墓），孔晨等著《中国文物定级图典·一级品》62页，上海辞书出版社1999年12月版；陈振裕主编《中国古代青铜器造型纹型纹饰》263页，湖北美术出版社2001年7月版。

11-9、10.战国秦汉的镇墓麒麟（汉墓碑），[宋]洪适《隶释·隶续》352页、348页，中华书局1985年11月版。

12-1、2.南朝君王陵墓神道的镇墓辟邪（麒麟）：南朝齐景帝陵石刻辟邪，南朝陈文帝陵石刻辟邪，采自网络。

13-1、2.汉代獬豸（任法兽），王旸《民俗信仰的功利性对麒麟图像的影响研究》(河北科技大学2011年硕士论文，知网）。

14.唐宋以后狮子形麒麟：明《三才图会》麒麟，北京故宫铜麒麟，风俗画麒麟，1997年纪念币麒麟，采自网络。

15-1.东汉鎏金铜貔貅，李伯谦主编《中国出土青铜器全集》江苏卷242页，龙门书局2018年版。

15-2.明清以后麒麟形貔貅，采自网络。

下编　上古华夏图法解密

第二章　伏羲文化：中华文明的源头

1-1.山西陶寺太极台测影墙、圭表，孙小淳等在陶寺太极台遗址用复原的漆杆做模拟观测，黎耕、孙小淳《陶寺ⅡM22漆杆与圭表测影》，《中国科技史杂志》2010年第12期。

1-2.洛阳金村出土东周日晷，中国社科院考古所编《中国古代天文文物图集》41页，文物出版社1980年版。

1-3.明清天安门前华表，采自网络。

2-1.大地湾一期圭影盆（T3④：5），甘肃省文物考古研究所编《秦安大地湾》下册249页，彩版十一，文物出版社2006年版。

2-2.大地湾一期圭影符F301：73，甘肃省文物考古研究所编《秦安大地湾》上册47页，文物出版社2006年版。

2-3.陕西姜寨五鱼盆：四维圭影符，张朋川著《中国彩陶图谱》编号1537，文物出版社1995年4月版。

2-4.陕西半坡人面鱼：四维圭影符，张朋川著《中国彩陶图谱》编号1507，文物出版社1995年4月版。

2-5.陕西半坡四鹿盆，四维圭影符，张朋川著《中国彩陶图谱》编号1509，文物出版社1995年4月版。

3-1.F371：17阴阳爻，甘肃省文物考古研究所编《秦安大地湾》47页，文物出版社2006年版。

3-2.F363：53阴爻，甘肃省文物考古研究所编《秦安大地湾》47页，文物出版社2006年版。

3-3、4.青海柳湾Ⅳ2式30：23，Ⅱ3式46：15，青海柳湾万字符壶，青海省文物管理处考古队、中国社科院考古所《青海柳湾》，文物出版社1984年版。

3-5.山西襄汾陶寺扁壶：三爻离，《襄汾陶寺：1978—1985年考古发掘报告》第一册369页，文物出版社2015年12月第1版。

3-6.河南淮阳平粮台纺轮：三爻离，张志华等《河南平粮台龙山文化城址发现刻符陶纺轮》,《文物》2007年3期。

4.伏羲连山历、神农归藏历原理图,张远山原创。

5.伏羲十二辟卦太极图,张远山原创。

6.伏羲六十四卦分卦值日太极图,张远山原创。

7-1.上古太极图:甘肃兰州红山大坪,张朋川著《中国彩陶图谱》编号208,文物出版社1995年4月版。

7-2.上古太极图:甘肃兰州西坡坬,吴山著《中国新石器时代陶器装饰艺术》41页,文物出版社1982年版。

7-3.上古太极图:湖北天门石家河,湖北省荆州博物馆编《肖家屋脊》下册图版94-10(AT2006②:5),文物出版社1999年6月版。

7-4.上古太极图:湖北天门石家河,张朋川著《中国彩陶图谱》编号1984,文物出版社1995年4月版。

7-5.上古太极图:甘肃东乡林家,张朋川著《中国彩陶图谱》编号165,文物出版社1995年4月版。

7-6.中古太极图:彝族太极龙图,四川彝族古籍《玄通大书》,《爨文丛刻》894页,四川民族出版社1987年版。

7-7.中古太极图:西周双凤太极图,曹玮《周原出土青铜器》483页,巴蜀书社2005年12月版。

7-8.中古太极图:西汉双凤太极图,四川省文物考古研究所、绵阳市博物馆《绵阳永兴双包山二号木椁墓发掘简报》,《文物》1996年10期。

7-9.中古太极图:西汉太极图,采自网络。

7-10.中古太极图:五代陈抟太极图(先天图),明代赵仲全《道学正宗》。

8-1.大地湾四期F901,陆思贤《神话考古》272页(引自《文物》1986年第2期),文物出版社1995年版。

8-2.姜寨二期F47,陆思贤《神话考古》155页(引自《文物》1987年第7期),文物出版社1995年版。

8-3.夏商周明堂图,王国维著《观堂集林》卷三67页,河北教育出版社2003年版。

8-4.西周王城图,[南宋]聂崇义《新定三礼图》,宋淳熙二年刻本,上海古籍出版社1984年影印本。

第三章　伏羲六十四卦、伏羲太极图的象数解密

1.伏羲卦序简图,张远山原创。

2.伏羲六十四卦分卦值日太极图,张远山原创。

3.大地湾一期圭影盆(T3④:5),甘肃省文物考古研究所编《秦安大地湾》下册249页,彩版十一,文物出版社2006年版。

4.河南濮阳西水坡M45:龙虎北斗图,濮阳西水坡遗址考古队《1988年河南濮阳西水坡

遗址发掘简报》,《考古》1989年第12期。

5-1.上古太极图:甘肃兰州红山大坪,张朋川著《中国彩陶图谱》编号208,文物出版社1995年4月版。

5-2.上古太极图:甘肃兰州西坡坬,吴山著《中国新石器时代陶器装饰艺术》41页,文物出版社1982年版。

5-3.上古太极图:湖北天门石家河,《肖家屋脊》下册图版94-10（AT2006②：5）,文物出版社1999年6月版。

5-4.上古太极图:湖北天门石家河,张朋川著《中国彩陶图谱》编号1984,文物出版社1995年4月版。

5-5.上古太极图:甘肃东乡林家,张朋川著《中国彩陶图谱》编号165,文物出版社1995年4月版。

6-1.中古太极图:彝族太极龙图,四川彝族古籍《玄通大书》,《爨文丛刻》894页,四川民族出版社1987年版。

6-2.中古太极图:西周双凤太极图,曹玮《周原出土青铜器》483页,巴蜀书社2005年版。

6-3.中古太极图:西汉双凤太极图,四川省文物考古研究所、绵阳市博物馆《绵阳永兴双包山二号木椁墓发掘简报》,《文物》1996年10期。

6-4.中古太极图:西汉太极图,采自网络。

6-5.中古太极图:五代陈抟太极图（先天图）,明代赵仲全《道学正宗》。

7.太极象数四图,张远山原创。

8.太极生成四象,张远山原创。

9.甘肃天水秦安山王家:两仪纹,张朋川著《中国彩陶图谱》编号100,文物出版社1995年4月版。

第四章　围棋源于伏羲六十四卦

1.伏羲六十四卦分卦值日太极图,张远山原创。

2.伏羲罫棋:棋盘,张远山原创。

3.中国围棋:棋盘,通用格式。

4.中国象棋:棋盘,通用格式。

5.蒙古象棋:棋盘,通用格式。

6.国际象棋:棋盘,通用格式。

第五章　西周太极图源于伏羲太极图

1.西周晚期伯公壶:壶盖侧视图、壶盖俯视太极图,曹玮主编《周原出土青铜器》485页、484页,巴蜀书社2005年12月版。

2-1.伏羲十二辟卦太极图,张远山原创。

2-2.伯公父壶盖面：太极圆图，曹玮主编《周原出土青铜器》486页，巴蜀书社2005年12月版。

2-3.西周晚期伯公父壶盖肩部：太极方图，曹玮主编《周原出土青铜器》486页，巴蜀书社2005年12月版。

3.西周晚期仲南父壶盖面：仲南父太极图，1975年发现于岐山县京当乡董家村，现藏陕西省岐山县博物馆，曹玮主编《周原出土青铜器》376页，巴蜀书社2005年12月版。

4-1、2.伯公父壶盖俯视：太极圆图中心的天亘纹，伯公父壶盖侧视：肩部纹样，截取自图3。

4-3、4.仲南父壶盖俯视：太极图中心的天亘纹，伯公父壶盖侧视：肩部纹样，截取自图5（出处见上）。

4-5.金文：亘。

4-6.红山文化，巴林右旗那斯台：玄垣（鼋），常素霞编《中国古代玉器图谱》45页，金城出版社2013年3月版。

5-1.伯公父壶盖俯视：西周双凤太极图，出处见上。

5-2.西汉双凤太极图，四川省文物考古研究所、绵阳市博物馆《绵阳永兴双包山二号木椁墓发掘简报》，《文物》1996年10期。

第六章　昆仑神话源于伏羲天文台

1-1.大地湾四期F901，陆思贤《神话考古》272页（引自《文物》1986年第2期），文物出版社1995年版。

1-2.姜寨二期F47，陆思贤《神话考古》155页（引自《文物》1987年第7期），文物出版社1995年版。

2-1.阿善文化莎木佳遗址祭坛平立面图，中国社科院考古所编《中国考古学：新石器时代卷》403页，中国社会科学出版社2010年7月版。

2-2.瑶山昆仑台，贺云翱《良渚文化祭台遗迹浅论》，《上海博物馆集刊》6期，上海古籍出版社1992年版。

2-3.上海福泉山昆仑台，《福泉山》68页，文物出版社2000年版。

3-1、2.夏商周明堂底层宣室、中层宗庙，王国维著《观堂集林》卷三67页，河北教育出版社2003年版。

3-3.夏商周明堂顶层灵台（昆仑台），陆思贤著《神话考古》183页，文物出版社1998年版。

4-1、2.周明堂一层平面图、二层平面图（+屋顶灵台），杨鸿勋著《宫殿考古通论》110、111页（据《考工记·匠人》推断数据），紫禁城出版社2001年8月版。

5-1.西汉王莽明堂总图，社科院考古所汉城发掘队《汉长安城南郊礼制建筑遗址群发掘简报》，《考古》1960年第7期。

5-2、3、4.西汉王莽明堂底层宣室、二层宗庙、顶层灵台，中国社会科学院考古所编《西汉礼制建筑遗址》229页、228页、216页，文物出版社2003年12月版。

6–1、2.河南洛阳：东汉分建明堂、灵台，杨鸿勋著《宫殿考古通论》327页、336页，紫禁城出版社2001年8月版。

7–1、2.北魏平城明堂立面图、平面图，王世仁《北魏平城明堂形制考略》，《中国建筑史论汇刊》2009年第10期。

8–1、2、3.河南洛阳唐武则天明堂：底层宣室、二层宗庙、顶层灵台，杨鸿勋著《宫殿考古通论》506页、507页、508页，紫禁城出版社2001年8月版。

9–1.夏商周明堂图，见上。

9–2.西周王城图，[南宋]聂崇义《新定三礼图》，宋淳熙二年刻本，上海古籍出版社1984年影印本。

9–3.九州区划与昆仑台，陆思贤、李迪著《天文考古通论》228页，紫禁城出版社2005年4月版。

第七章　元代银匜的萨满教至高神"长生天"

1.元代刻花银匜，2021年5月伦敦邦瀚斯（Bonhams）拍卖行中国艺术品拍卖专场。

2–1、2.元代刻花银匜侧壁：长生天，内底：三兔共耳图。2021年5月伦敦邦瀚斯（Bonhams）拍卖行中国艺术品拍卖专场。

2–3.甘肃永昌鸳鸯池马家窑文化天帝纹，张朋川著《中国彩陶图谱》编号1191，文物出版社1995年4月版。

2–4.陕西姜寨仰韶文化刻符：帝，西安半坡博物馆、陕西省考古研究所、临潼县博物馆编《姜寨》142页，文物出版社1988年版。

3.甘肃天水大地湾：先仰韶天帝纹，张朋川著《中国彩陶图谱》编号79，文物出版社1995年4月版。

4.陕西铜川前邽的仰韶期天帝，杨晓能著（唐际根、孙亚冰译）《另一种古史》55页，生活·读书·新知三联书店2008年10月版。

5.湖北荆门漳河车桥出土周代大武戚，陈振裕主编《中国古代青铜器造型纹型纹饰》316页，湖北美术出版社2001年7月版。

6.日本泉屋博古馆藏：商代双鸟鼍鼓，[日]林巳奈夫著《殷周青铜器综览》第二卷，上海古籍出版社2019年版。

7.河南安阳出土：商代晚期石䰠万舞天帝，王大有、王双有著《图说中国图腾》157页（引自梅原末治《河南安阳遗物之研究》，京都桑名文星堂1941），人民美术出版社1998年版。

8.仰韶文化陶文：帝，河南省文物考古研究所《汝州洪山庙》46页，中州古籍出版社1995年版。

9.商代甲骨文：帝，李圃主编《古文字诂林》第1册45页，上海教育出版社1999年12月版。

10.上古北极天枢，[美]班大为（徐凤先译）《中国上古史实揭秘》354页，上海古籍出版社2008年4月版。

第八章 冬至为何如此重要

1.河南洛阳伊川土门：二十四节气，王大有著《三皇五帝时代》179页，中国社会出版社2000年版。

第九章 二十四节气唯一正解

1.伏羲先天八卦二十四节气太极象数图，张远山原创。

2.伏羲十二辟卦七十二物候太极象数图，张远山原创。

3.伏羲连山历、神农归藏历原理图，张远山原创。

4.河南洛阳伊川土门：二十四节气，王大有著《三皇五帝时代》179页，中国社会出版社2000年版。

5.河南郑州大河村：七十二物候，张朋川著《中国彩陶图谱》编号1705，文物出版社1995年4月版；郑为《中国彩陶艺术》图版48页，上海人民出版社1985年版。

6.神农归藏历分卦值日图，张远山原创。

第十章 周礼六玉植根天文

1-1.周礼赤璋礼南推测图，郭宝钧《古玉新诠》，《史语所集刊》第20本下册253页，商务印书馆1949年版。

1-2.周礼玄璜礼北推测图，郭宝钧《古玉新诠》，《史语所集刊》第20本下册254页，商务印书馆1949年版。

1-3.周礼苍璧礼天、黄琮礼地推测图，郭宝钧《古玉新诠》，《史语所集刊》第20本下册255页，商务印书馆1949年版。

2.周礼六瑞命名推测图，郭宝钧《古玉新诠》，《史语所集刊》第20本下册252页，商务印书馆1949年版。

参考文献

一　资料

安徽省博物馆编《安徽省博物馆藏青铜器》，上海人民美术出版社1987年版。

安徽省文物考古研究所编《凌家滩》，文物出版社2006年版。

安徽省文物考古研究所编《凌家滩玉器》，文物出版社2000年11月版。

北京大学考古文博学院编《吉金铸国史：周原出土西周青铜器精粹》，文物出版社2002年版。

北京大学震旦古代文明研究中心、郑州市文物考古研究院编《新密新砦》，文物出版社2008年1月版。

曹玮主编《周原出土青铜器》，巴蜀书社2005年12月版。

常任侠主编《中国美术全集·画像石画像砖》，上海人民美术出版社1988年版。

常素霞编《中国古代玉器图谱》，金城出版社2013年3月版。

陈振裕主编《中国古代青铜器造型纹饰》，湖北美术出版社2001年7月版。

成都文物考古研究所编《金沙》，五洲传播出版社2005年11月版。

大连现代博物馆等编《晋国雄风：山西出土两周文物精华》，万卷出版公司2009年版。

杜金鹏、许宏主编《二里头遗址与二里头文化研究》，科学出版社2006年版。

盖山林、盖志浩搜集《中国岩画图案》，上海三联书店1997年版。

甘肃省博物馆编《黄河彩陶》，浙江人民美术出版社2000年版。

甘肃省文物考古研究所编《秦安大地湾》，文物出版社2006年版。

古方主编《中国出土玉器全集》，科学出版社2005年版。

古方主编《中国传世玉器全集》，科学出版社2010年1月版。

郭大顺、洪殿旭主编《红山文化玉器鉴赏》增订本，文物出版社2014年版。

国家文物局国家文物鉴定委员会编《文物藏品定级标准图例》铜器卷，文物出版社2006年10月版。

国家文物局主编《中国文物精华大辞典·陶瓷卷》，上海辞书出版社、商务印书馆（香港）1998年9月版。

国务院三峡工程建设委员会办公室等编《湖北库区考古报告集》第1卷，科学出版社2005年版。

河北省文物研究所、段宏振主编《北福地》，文物出版社2007年版。

河北省文物研究所编《藁城台西商代遗址》，文物出版社1985年版。

河南省考古所、三门峡市文物工作队编《三门峡虢国墓》，文物出版社1999年版。

河南省考古所编《河南商周青铜器纹饰与艺术》，河南美术出版社1995年版。

河南省考古所编《郑州商城》，文物出版社2001年版。

河南省文物考古研究所、南阳市文物考古研究所、淅川县博物馆编著《淅川和尚岭与徐家岭楚墓》，大象出版社2004年版。

河南省文物考古研究所、平顶山市文物管理局编著《平顶山应国墓地》，大象出版社2012年版。

河南省文物考古研究所、周口市文化局编《鹿邑太清宫长子口墓》，中州古籍出版社2000年版。

河南省文物考古研究所编《汝州洪山庙》，中州古籍出版社1995年版。

河南省文物考古研究所编《郑州小双桥：1990–2000年考古发掘报告》，科学出版社2012年9月版。

荷兰时代生活图书公司编《天地父母：印第安神话》，中国青年出版社2006年版。

胡厚宣主编《甲骨文合集》第7册，中华书局1982年版。

湖北省博物馆编《九连墩：长江中游的楚国贵族大墓》，文物出版社2007年9月版。

湖北省荆州博物馆编《肖家屋脊》，文物出版社1999年6月版。

湖北省荆州地区博物馆《江陵雨台山楚墓》，文物出版社1984年4月版。

湖北省潜江博物馆、湖北省荆州博物馆《潜江龙湾》，文物出版社2005年10月版。

淮安市博物馆编《淮阴高庄战国墓》，文物出版社2009年9月版。

黄宣佩主编《福泉山》，文物出版社2000年10月版。

江西省考古所、江西省博物馆、新干县博物馆编《新干商代大墓》，文物出版社1997年版。

姜涛、刘云辉编《熙墀藏玉》，文物出版社2006年版。

荆门市博物馆编《荆门子陵岗》，文物出版社2008年版。

荆州博物馆编《石家河文化玉器》，文物出版社2008年版。

李伯谦主编《中国出土青铜器全集》江苏卷，龙门书局2018年版。

李圃主编《古文字诂林》，上海教育出版社1999年12月版。

辽宁省文物考古研究所编《牛河梁》，文物出版社2012年11月版。

洛阳市文物工作队编著《洛阳北窑西周墓》，文物出版社1999年版。

马承源主编《中国青铜器全集》，文物出版社1995年版。

马学良主编《增订爨文丛刻》，四川民族出版社1986年版。

莫离编《玉器图谱》，湖南美术出版社2011年版。

南京博物院编《花厅：新石器时代墓地发掘报告》，文物出版社2003年6月版。

宁克平编《中国岩画艺术图式》，湖南美术出版社1990年版。

青海省文物管理处考古队、中国社科院考古所编《青海柳湾》，文物出版社1984年版。

容庚撰集《金文编》，中华书局1985年7月版。

山东省文物考古研究所编《大汶口续集》，科学出版社1997年版。

陕西省考古研究所编《龙岗寺》，文物出版社1990年版。

陕西省考古研究所编著《高家堡戈国墓》，三秦出版社1995年版。

上海博物馆青铜器研究组编《商周青铜器纹饰》，文物出版社1984年版。

四川省文物考古研究院等编《三星堆出土文物全记录》，四川天地出版社2009年版。

台北故宫博物院编《故宫古玉图录》，台北故宫博物院1988年版。

王朝闻主编《中国美术史》第2卷《夏商周卷》，齐鲁书社、明天出版社2000年版。

西安半坡博物馆、陕西省考古研究所、临潼县博物馆编《姜寨》，文物出版社1988年版。

杨伯达主编《关氏所藏中国古玉》，香港中文大学出版社1994年版。

杨伯达主编《中国玉器全集》，河北美术出版社2005年1月版。

张道一编《中国图案大系》第2册第3卷《春秋战国时代》，[台北]邯郸出版社1995年3月版。

浙江省文物考古研究所编《反山》，文物出版社2005年10月版。

浙江省文物考古研究所编《河姆渡》，文物出版社2003年版。

浙江省文物考古研究所编《瑶山》，文物出版社2003年9月版。

中共南京市委党史工作办公室、中共南京市委宣传部编《南京历代风华》，南京出版社2004年版。

中国历史博物馆编《中国历史博物馆》，文物出版社1984年版。

中国美术全集编辑委员会编《中国美术全集·绘画编》，人民美术出版社2006年版。

中国社会科学院考古研究所编著《滕州前掌大墓地》，文物出版社2005年版。

中国社会科学院考古研究所等编《襄汾陶寺：1978–1985 年考古发掘报告》，文物出版社 2015 年 12 月版。

中国社科院考古所编《安阳殷墟出土玉器》，科学出版社 2005 年 9 月版。

中国社科院考古所编《二里头：1999–2006》，文物出版社 2014 年版。

中国社科院考古所编《蒙城尉迟寺》，科学出版社 2001 年 10 月版。

中国社科院考古所编《西汉礼制建筑遗址》，文物出版社 2003 年 12 月版。

中国社科院考古所编《殷墟的发现与研究》，科学出版社 1994 年版。

中国社科院考古所编《中国古代天文文物图集》，文物出版社 1980 年版。

中国社科院考古所编《中国考古学：新石器时代卷》，中国社会科学出版社 2010 年 7 月版。

周菁葆、陈重秋编《丝绸之路岩画艺术》，新疆人民出版社 1993 年版。

[美]戴尔·布朗主编《失落的文明》，华夏出版社、广西人民出版社 2002 年版。

[美]时代生活图书公司编，孙书姿译《太阳与献祭众神：阿兹特克与玛雅神话》，中国青年出版社 2003 年版。

[日]讲谈社出版《世界博物馆全集14：瑞典·丹麦户外历史博物馆》，台湾锦绣出版社 1987 年版。

[宋]聂崇义集注《新定三礼图》，上海古籍出版社 1984 年版影印本。

[宋]洪适撰《隶释·隶续》，中华书局 1985 年 11 月版。

二 专著

曹玮著《汉中出土商代青铜器》，巴蜀书社 2006 年版。

陈德安著《三星堆：古蜀王国的圣地》，四川人民出版社 2000 年版。

陈佩芬著《夏商周青铜器研究：夏商篇》，上海古籍出版社 2004 年版。

陈兆复著《古代岩画》，文物出版社2002年版。

陈兆复著《外国岩画发现史》，上海人民出版社1993年版。

邓淑蘋著《蓝田山房藏玉百选》，财团法人年喜文教基金会1995年版。

冯时著《中国天文考古学》，社会科学文献出版社2010年11月版。

盖山林著《世界岩画的文化阐释》，北京图书馆出版社2001年6月版。

盖山林著《阴山岩画》，文物出版社1986年版。

郭宝钧著《古玉新诠》，商务印书馆1949年版。

江伊莉、古方著《玉器时代：美国博物馆藏中国早期玉器》，科学出版社2009年12月版。

孔晨等著《中国文物定级图典·一级品》，上海辞书出版社1999年12月版。

李洪甫著《太平洋岩画》，上海文化出版社1997年版。

李济著《殷墟青铜器研究》，上海人民出版社2008年版。

李淼、刘方著《世界岩画资料图集》，中国工人出版社1992年版。

刘志雄、杨静荣著《龙与中国文化》，人民出版社1992年11月版。

陆思贤、李迪著《天文考古通论》，紫禁城出版社2005年4月版。

陆思贤著《神话考古》，文物出版社1995年版。

马昌仪著《古本山海经图说》，山东画报出版社2001年7月版。

饶宗颐著《梵学集》，上海古籍出版社1993年版。

孙机著《仰观集：古文物的欣赏与鉴别》，文物出版社2012年版。

谭维四著《曾侯乙墓》，文物出版社2001年9月版。

王大有、宋宝忠著《图说美洲图腾》，人民美术出版社1998年版。

王大有、王双有著《图说中国图腾》，人民美术出版社1998年版。

王大有著《三皇五帝时代》，中国社会出版社2000年版。

王国维著《观堂集林》，河北教育出版社2003年版。

吴山著《中国新石器时代陶器装饰艺术》，文物出版社1982年版。

杨鸿勋著《宫殿考古通论》，紫禁城出版社2001年8月版。

杨建华著《两河流域史前时代》，吉林大学出版社1993年版。

张朋川著《中国彩陶图谱》，文物出版社1995年4月版。

张亚莎著《西藏的岩画》，青海人民出版社2006年版。

赵国华著《生殖崇拜文化论》，中国社会科学出版社1990年8月版。

郑为著《中国彩陶艺术》，上海人民出版社1985年版。

周新华著《三星耀天府——三星堆文化和巴蜀文明》，浙江大学出版社2004年版。

朱凤瀚著《中国青铜器综论》，上海古籍出版社2009年版。

[比利时]Goblet D'Alviella著《符号的迁移》(The Migration of Symbols)，密歇根大学图书馆1894年版。

[美]班大为著，徐凤先译《中国上古史实揭秘》，上海古籍出版社2008年4月版。

[美]塞尔万多·冈萨雷斯（Servando Gonzá lez）著《卐和纳粹》(The Swastika and the Nazis)，Inteli Books2013年版。

[美]托马斯·威尔森（Thomas Wilson）著《万字符：最古老的标志和它的演变》(Swastika history report)，美国国家博物馆1896年版。

[美]杨晓能著，唐际根、孙亚冰译《另一种古史》，生活·读书·新知三联书店2008年10月版。

[日]林巳奈夫著《殷周青铜器综览》第二卷，上海古籍出版社2019年版。

[日]林巳奈夫著《神与兽的纹样学：中国古代诸神》，生活·读书·新知三联书店2009年版。

三　文章

北京大学考古文博院、山西省考古研究所：《天马——曲村遗址北赵晋侯墓地第六次发掘》，《文物》2001年第8期。

曹建强：《洛阳新发现一组汉代壁画砖》，《文博》2009年第4期。

陈久：《洛阳西郊一号战国墓发掘记》，《考古》1959年第12期。

冯时：《地下的星空》，《大自然探索》2006年第8期。

高炜、李健民:《1978—1980年山西襄汾陶寺墓地发掘简报》,《考古》1983年第1期。

顾万发:《论高庙文化中獠牙兽的动物属性》,《黄河黄土黄种人》2016年第2期。

河南省文物研究所、郑州市博物馆:《郑州新发现商代窖藏青铜器》,《文物》1983年第3期。

贺刚、向开旺:《湖南黔阳高庙遗址发掘简报》,《文物》2000年第4期。

贺云翱:《良渚文化祭台遗迹浅论》,《上海博物馆集刊》6期,上海古籍出版社1992年版。

侯毅、渠川福:《太原金胜村251号春秋大墓及车马坑发掘简报》,《文物》1989年第9期。

湖北省荆州地区博物馆:《江陵天星观一号楚墓》,《考古学报》1982年第1期。

湖北省宜昌地区博物馆、四川大学历史系考古专业:《宜昌县清水滩新石器时代遗址的发掘》,《考古与文物》1983年第2期。

黄明兰:《洛阳西汉卜千秋壁画墓发掘简报》,《文物》1977年第6期。

黎耕、孙小淳:《陶寺ⅡM22漆杆与圭表测影》,《中国科技史杂志》2010年第12期。

李恭笃:《昭乌达盟石棚山考古新发现》,《文物》1982年第4期。

李建生等:《山西曲沃羊舌晋侯墓地发掘简报》,《文物》2009年第1期。

李零:《东方既白——中国的第一次启蒙》,《文汇学人》2018年3月9日。

林继来:《论晋南曲沃羊舌村出土的史前玉神面》,《考古与文物》2009年第2期。

刘春斌:《天门石家河遗址出土240余件史前玉器》,《楚天都市报》2015年12月21日。

南京博物院:《江苏常州武进寺墩遗址的发掘》,《考古》1983年第2期。

欧谭生、卢美松:《福建华安仙字潭岩画新考》,《考古》1994年第2期。

濮阳西水坡遗址考古队:《1988年河南濮阳西水坡遗址发掘简报》,《考古》1989年第12期。

启星：《舞蹈纹彩陶说》，《文物报》1993年6月6日

山东省济宁市文物处：《山东金乡县发现汉代画像砖墓》，《考古》1989年第12期。

社科院考古所汉城发掘队：《汉长安城南郊礼制建筑遗址群发掘简报》，《考古》1960年第7期。

四川省文物考古研究所、绵阳市博物馆：《绵阳永兴双包山二号木椁墓发掘简报》，《文物》1996年第10期。

孙小淳：《中国古代遗址的天文考古调查报告——蒙辽黑鲁豫部分》，《中国科技史杂志》2012年第4期。

王家祐：《记四川彭县竹瓦街出土的铜器》，《文物》1961年11期。

王青：《镶嵌铜牌饰的初步研究》，《文物》2004年第5期。

王仁湘：《石峁石雕：颠覆我们认知的发现》，《光明日报》2019年11月3日。

王世仁：《北魏平城明堂形制考略》，《中国建筑史论汇刊》2009年第10期。

王书敏：《良渚文化三叉形玉器》，《四川文物》2005年第2期。

王旸：《民俗信仰的功利性对麒麟图像的影响研究》，河北科技大学2011年硕士论文。

徐琳：《故宫博物院藏红山文化动物形玉及人形玉研究》，《荣宝斋》2012年第5期。

杨虎、刘国祥：《内蒙古敖汉旗兴隆洼聚落遗址1992年发掘简报》，《考古》1997年第1期。

杨锡璋：《河南安阳市梅园庄东南的殷代车马坑》，《考古》1998年第10期。

于志勇：《新疆民丰县尼雅遗址95MNI号墓地M8发掘简报》，《文物》2000年第1期。

张敬国：《安徽含山县凌家滩遗址第五次发掘的新发现》，《考古》2008年第3期。

张明华:《良渚玉璧研究》,《故宫博物院院刊》1995年第1期。

张松林顾问:《花地嘴遗址所出"新砦期"朱砂绘陶瓷研究》,《中国历史文物》2006年第1期。

张增祺、王大道:《云南江川李家山古墓群发掘报告》,《考古学报》1975年第2期。

张志华等:《河南平粮台龙山文化城址发现刻符陶纺轮》,《文物》2007年第3期。

浙江省文物考古研究所:《浙江桐乡普安桥遗址发掘简报》,《文物》1998年第4期。

中国社科院考古所安阳工作队:《殷墟大司空M303发掘报告》,《考古学报》2008年第3期。

庄礼伦:《浅谈东南亚古代铜鼓装饰艺术》,中国古代铜鼓研究会编《铜鼓和青铜文化的新探索》,广西民族出版社1993年版。

[日]稻畑耕一郎:《曾侯乙墓的神话世界——从出土文物图像来看》,[日]《中国文学研究》第17期。

[日]林巳奈夫:《所谓饕餮纹表示了什么——根据同时代的资料来论证》,《中国史研究动态》1985年。

相关附录

伏羲学四书备忘录

一　伏羲学四书写作时间

一、《伏羲之道》写作时间

《伏羲之道》初版正文——

2013年5月6日—12月20日：绪论：伏羲学发凡（三稿）

2013年5月7日—7月15日：第一章：陶器之道，开天辟地（上）：伏羲连山历

2013年7月16日—8月15日：第二章：陶器之道，开天辟地（下）：神农归藏历

2013年8月26日—2014年5月7日：第三章：伏羲布卦，分卦值日（上）：太阳历布卦（十一稿）

2013年8月26日—2014年5月11日：第四章：伏羲布卦，分卦值日（下）：太阴历布卦（十稿）

2013年8月26日—2014年9月15日：第五章：伏羲卦序探索史（九稿）

2015年5月20日：前言：由庄溯老，由老溯伏

2015年5月20日：后记：开笔廿载，敬谢德友

《伏羲之道》相关备忘——

2010年10月10日：根据汲冢《归藏》佚文和王家台《归藏》简文，复原伏羲初始卦序

2012年11月21—27日：求解《归藏》卦序，溯源华夏古道（《良渚之道》下编第一篇）

2013年4月26日：伏羲学考察纲要（《伏羲之道》附录三）

2013年4月29日—5月5日：伏羲学考察：甘肃敦煌、甘肃兰州（甘肃省博）、甘肃天水（大地湾、三阳川画卦台、伏羲庙、麦积山）、陕西西安（陕西省博、秦始皇兵马俑、半坡遗址、秦砖汉瓦博物馆等）、陕西延安（黄帝陵）等。

2013年8月18日：深圳伏羲学演讲：伏羲文化，中华文明的源头

2013年8月29日：设计伏羲钟（《伏羲之道》新增第六章）

2014年6月6日：顺德伏羲学演讲：华夏八千年泰和文化探源

2014年7月19—20日：景德镇伏老庄演讲：由庄溯老，由老溯伏

《伏羲之道》新版修订——

2023年5—6月：修订《伏羲之道》初版五章

2023年6月6日：新增第六章：伏羲钟

2023年6月7日：修订版序：文有文法，图有图法

二、《玉器之道》写作时间

《玉器之道》正文——

2014年7月23日—2016年7月30日：第一章：上古玉器族、中古夏商周观天玉器总论（八稿）

2014年10月13日—2016年10月27日：第四章：东夷族玉器总论（八稿）

2014年12月25日—2016年8月7日：第六章：华夏万字符是四季北斗合成符（五稿）

2015年1月1日—2016年9月13日：第二章：黄帝族玉器总论（八稿）

2015年1月1日—2016年10月7日：第三章：南蛮族玉器总论（八稿）

2015年1月8日—2016年4月11日：第九章：昆仑台传播史（六稿）

2016年4月14日—8月18日：第七章：华夏万舞是万字符之舞（三稿）

2016年5月6日—10月14日：第八章：华夏万字符万舞全球传播史（五稿）

2016年5月28日—2017年1月25日：第十章：夏商周玉器总论（八稿）

2016年10月12日—12月16日：第五章：龙山玉器总论（四稿）

2017年2月25日：前言：复原华夏知识总图，贯通华夏八千年史

2017年3月6日：后记：穿越历史风沙，回到上古现场

《玉器之道》相关一文——

2017年12月17日：《玉器之道》简介：欲读中国书，先观中国图（《良渚之道》下编第十篇）

三、《青铜之道》写作时间

2017年8月13日—2019年6月8日：第五章：两龙纹衍生肥遗纹（四稿）

2017年8月14日—2020年9月22日：绪论一："饕餮纹"天帝的两千年正名史

2017年8月20日—2019年6月29日：第六章：两龙纹衍生龙星纹（五稿）

2017年9月10日—2019年1月16日：第一章："饕餮纹"鼻部图法解密：鼻祖纹（四稿）

2017年11月11日—2020年9月30日：绪论二："饕餮纹"天帝的六千年演变史

2018年12月14日—2019年3月10日：第三章：《山海经》对"饕餮纹"的神话表述：天帝珥两蛇乘两龙（四稿）

2019年1月12日—2月17日：第二章："饕餮纹"角部面部解密：两龙纹（六稿）

2019年3月7日—6月4日：第四章：鼻祖纹衍生宗祖纹（三稿，3月26日—5月27日赴美考察）

2019年7月1日—8月27日：第七章：西周窃曲纹，源于太极图（三稿）

2019年7月1日—2020年5月27日：第八章：春秋蟠螭纹，微型窃曲纹（六稿）

2019年7月1日—2020年5月28日：第九章：战国蟠虺纹，微型蟠螭纹（七稿）

2020年11月18日：前言："饕餮纹"天帝是华夏图像的终极密码

2020年11月18日：后记：欲读中国书，先识中国图

四、《良渚之道》写作时间

上编：良渚神徽图法解密——

2018年2月5日：良渚神徽图法解密：天帝骑猪巡天图

2018年2月9日：良渚神徽的两大神像解密：北极天帝，北斗猪神

2018年2月17日：良渚祭天玉琮的图法解密

2018年2月25日：良渚威仪玉器的图法解密

2018年3月3日：良渚神徽的替代符号：帝星纹

2018年3月8日：良渚神徽的后世演变：夏商周饕餮纹

2018年3月28日：夏商周饕餮纹天帝的图法解密：北极天帝"帝俊"

2018年3月28日：北斗猪神的人间对应：天子对位北斗猪神

2018年3月28日：良渚神徽的前世法身：四季北斗绕极符（万字符）

2018年4月4日：华夏祭天乐舞"万舞"解密：万字符之舞

2018年4月4日：全球萨满舞解密：华夏万舞及其三大舞姿传遍全球

2018年4月4日：中国龙的终极源头：苍龙七宿

2018年5月5日：麒麟的终极源头：北方七宿

下编：上古华夏图法解密——

2012年11月21—27日：求解《归藏》卦序，溯源华夏古道

2015年6月5日：伏羲六十四卦、伏羲太极图的象数解密

2015年6月7日：西周太极图源于伏羲太极图

2015年12月22日：冬至为何如此重要

2016年1月29日：围棋源于伏羲六十四卦

2016年12月2日：二十四节气唯一正解

2017年4月18—29日：昆仑神话源于伏羲天文台

2017年5月22日：伏羲文化：中华文明的源头

2017年12月17日：周礼六玉植根天文

2021年5月5日：元代银匜的萨满教至高神"长生天"

二　伏羲学四书发表时间

一、《伏羲之道》发表时间

《社会科学论坛》连载《伏羲之道》全书——

2014年第3期《社会科学论坛》：绪论：伏羲学发凡；第一章：陶器之道，开天辟地（上）：伏羲连山历

2014年第4期《社会科学论坛》：第二章：陶器之道，开天辟地（下）：神农归藏历

2014年第9期《社会科学论坛》：第三章：伏羲布卦，分卦值日（上）：太阳历布卦

2014年第10期《社会科学论坛》：第四章：伏羲布卦，分卦值日（下）：太阴历布卦

2016年第1期《社会科学论坛》：第五章：伏羲卦序探索史

《书屋》刊出《伏羲之道》前言、简介——

2015年第7期《书屋》：《伏羲之道》前言：由庄溯老，由老溯伏

2015年第9期《书屋》：《伏羲之道》简介：伏羲六十四卦和伏羲太极图的象数解密

二、《玉器之道》发表时间

《社会科学论坛》连载《玉器之道》全书——

2016年第11期《社会科学论坛》：第六章：华夏万字符是四季北斗合成符

2016年第12期《社会科学论坛》：第七章：华夏万舞是万字符之舞

2017年第1期《社会科学论坛》：第八章：华夏万字符万舞全球传播史

2017年第2期《社会科学论坛》：第九章：昆仑台传播史

2017年第3期《社会科学论坛》：第一章：上古玉器族、中古夏商周观天玉器总论

2017年第4期《社会科学论坛》：第二章：黄帝族玉器总论

2017年第5期《社会科学论坛》：第三章：南蛮族玉器总论

2017年第6期《社会科学论坛》：第四章：东夷族玉器总论

2017年第7期《社会科学论坛》：第五章：龙山玉器总论

2017年第8期《社会科学论坛》：第十章：夏商周玉器总论（上）

2017年第9期《社会科学论坛》：第十章：夏商周玉器总论（下）

《书屋》刊出《玉器之道》前言、后记——

2018年第1期《书屋》：《玉器之道》前言：复原华夏知识总图，贯通华夏八千年史；后记：穿越历史风沙，回到上古现场

三、《青铜之道》发表时间

《社会科学论坛》连载《青铜之道》全书——

2019年第4期《社会科学论坛》：第一章："饕餮纹"鼻部图法解密：鼻祖纹

2019年第5期《社会科学论坛》：第二章："饕餮纹"角部面部解密：两龙纹

2019年第6期《社会科学论坛》：第三章：《山海经》对"饕餮纹"的神话表述：天帝珥两蛇乘两龙

2020年第2期《社会科学论坛》：第四章：鼻祖纹衍生宗祖纹

2020年第3期《社会科学论坛》：第五章：两龙纹衍生肥遗纹

2020年第4期《社会科学论坛》：第六章：两龙纹衍生龙星纹

2021年第1期《社会科学论坛》：第七章：西周窃曲纹，源于太极图

2021年第2期《社会科学论坛》：第八章：春秋蟠螭纹，微型窃曲纹

2021年第3期《社会科学论坛》：第九章：战国蟠虺纹，微型蟠螭纹

2021年第4期《社会科学论坛》：绪论一："饕餮纹"天帝的两千年正名史

2021年第5期《社会科学论坛》：绪论二："饕餮纹"天帝的六千年演变史

四、《良渚之道》发表时间

《文汇报》App 连载《良渚之道》上编（十三篇）——

2018年2月6日：良渚神徽图法解密：天帝骑猪巡天图

2018年2月14日：良渚神徽的两大神像解密：北极天帝，北斗猪神

2018年2月21日：良渚祭天玉琮的图法解密

2018年3月2日：良渚威仪玉器的图法解密

2018年3月7日：良渚神徽的替代符号：帝星纹

2018年3月14日：良渚神徽的后世演变：夏商周饕餮纹

2018年3月23日：夏商周饕餮纹天帝的图法解密：北极天帝"帝俊"

2018年3月28日：北斗猪神的人间对应：天子对位北斗猪神

2018年4月4日：良渚神徽的前世法身：四季北斗绕极符（万字符）

2018年4月11日：华夏祭天乐舞"万舞"解密：万字符之舞

2018年4月18日：全球萨满舞解密：华夏万舞及其三大舞姿传遍全球

2018年4月25日：中国龙的终极源头：苍龙七宿

2018年5月11日：麒麟的终极源头：北方七宿

其他媒体刊出《良渚之道》下编（十篇）——

2013年第1期《书屋》：求解《归藏》卦序，溯源华夏古道

2015年第9期《书屋》：伏羲六十四卦、伏羲太极图的象数解密

2015年12月22日微信公众号庄子江湖：冬至为何如此重要

2016年3月16日《文汇报》App：围棋源于伏羲六十四卦

2016年5月19日《深圳特区报》：西周太极图源于伏羲太极图

2016年12月10日微信公众号庄子江湖：二十四节气唯一正解

2017年5月《读者欣赏》伏羲祭祀大典特刊：伏羲文化：中华文明的源头

2017年5月12日《文汇报》App：昆仑神话源于伏羲天文台

2018年12月20日微信公众号庄子江湖：周礼六玉植根天文

2021年5月6日微信公众号庄子江湖：元代银匜的萨满教至高神"长生天"

三 伏羲学三书出版时间

2015年8月岳麓书社：伏羲之道：解密华夏文化总基因

2018年8月中华书局：玉器之道：解密中国文明源代码

2022年12月天地出版社：青铜之道：解密华夏天帝饕餮纹

四 伏羲学三书评论报道

说明：第三个写作十年（2015年夏—2025年夏）之伏老工程，撰写了四部伏羲学专著。由于《良渚之道》未曾出版，所以《伏羲之道》、《玉器之道》、《青铜之道》合称"伏羲学三书"。

一、《伏羲之道》评论报道

2013年8月18日新浪微博：夏双刃评《伏羲之道》：伏羲学上接甲骨学，开宗立派

2015年9月8日微信公众号庄子江湖：王业云评《伏羲之道》：中国八千年信史得到证实,《伏羲之道》解码中国文化总基因

2015年9月24日微信公众号庄子江湖：磐木评《伏羲之道》：我们从哪里来？我们是谁？我们到哪里去？

2015年9月19日知乎网：石苏评《伏羲之道》：三千年来最直接揭开易学本质的巨著

2015年11月3日微信公众号庄子江湖：龙蚰评《伏羲之道》：还原真实历史，集结中华精髓

2015年11月社会科学文献出版社《侨易》第二辑（叶隽主编）：伏羲布卦（上）

2015年12月27日《南方都市报》:《伏羲之道》入选2015年度社科十

大好书

2015年12月27日《南方都市报》：徐晋如评《伏羲之道》

2016年1月14日《文汇报》：《伏羲之道》书摘：腊八初义

2016年3月15日《湖南日报》：瑜阳评《伏羲之道》：奏八千年天籁，扬华夏之真德

2016年6月17日微信公众号庄子江湖：磐木评《伏羲之道》：以无为首：道家哲学下的人类学思考

2016年第8期《社会科学论坛》：李劼评《伏羲之道》：全息思维的文化源起

2016年11月社会科学文献出版社《侨易》第三辑（叶隽主编）：伏羲布卦（下）

2017年3月5日微信公众号庄子江湖：磐木评《伏羲之道》：伏羲星空：华夏文明的启蒙之光

2022年5月7日微信公众号庄子江湖：钟涓评《伏羲之道》：鱼纹陶盆新解

2022年8月27日微信公众号庄子江湖：钟涓评《伏羲之道》：彩陶纹样与文字起源

二、《玉器之道》评论报道

2018年8月21日微信公众号庄子江湖：王业云评《玉器之道》：古人如何用玉器表达知识、思想和信仰

2018年9月20日考古书店网：推荐张远山《玉器之道》

2018年9月21日微信公众号庄子江湖：王业云评《玉器之道》:《玉器之道》破解中国文化顶层密码

2018年9月21日中华书局微博：选载《玉器之道》：绝地天通与夏商周秘藏万字符

2018年10月5日顺德文筑书店：张远山《玉器之道》签售讲座

2018年10月6日顺德和园：张远山《玉器之道》暨伏羲学讲座

2018年10月10日《南方日报》：推荐张远山《玉器之道》

2018年10月11日《出版商务周报》报道：张远山新作《玉器之道》发布，张远山《玉器之道》手记：玉器，管窥古代文明

2018年10月12日《中国社会科学报》：吕家佐推荐张远山《玉器之道》

2018年10月19日《北京晚报》：胡月推荐《玉器之道》：华夏玉器文化的天文原理

2018年10月24日新华网：转载胡月推荐《玉器之道》：华夏玉器文化的天文原理

2018年10月25日新浪读书：推荐《玉器之道》：从华夏玉器解密中国文明的源代码

2018年10月30日《中国美术报》：选载《玉器之道》：绝地天通与夏商周秘藏万字符

2018年第10期《海南航空》：燕舞推荐《玉器之道》

2018年10月百道好书榜：《玉器之道》入选

2018年10月新浪好书榜：《玉器之道》入选

2018年11月京东图书推荐榜：《玉器之道》入选

2018年11月12日《青岛日报》：薛原评《玉器之道》：玉器里的中国文明源代码

三、《青铜之道》评论报道

2022年10月5日微信公众号庄子江湖：IGGY评《青铜之道》：特装本设计理念

2022年10月21日天一文化讲坛：推荐张远山《青铜之道》

2022年11月22日书之元宇宙：推荐张远山《青铜之道》

2022年12月2日宁波新华：推荐张远山《青铜之道》

2023年5月6日五车书巷：推荐张远山《青铜之道》

2023年5月8日天一文化讲坛：张远山《青铜之道》直播：饕餮纹是如何形成的

2023年5月17日亚洲考古：推荐张远山《青铜之道》：破解华夏文明的核心谜案

2023年7月20日上海丝享荟：张远山《青铜之道》讲座

2023年9月6日燕晓文史：燕晓评《青铜之道》：原来青铜器上的"饕餮纹"竟与《山海经》有关

2024年1月1日《波士顿书评》创刊号：翟明磊：推荐《青铜之道》